古典文獻研究輯刊

三三編

潘美月・杜潔祥 主編

第14冊

山海經通解（下）

周 運 中 著

國家圖書館出版品預行編目資料

山海經通解（下）／周運中 著 -- 初版 -- 新北市：花木蘭文
化事業有限公司，2021〔民110〕
目 4+168 面；19×26 公分
（古典文獻研究輯刊 三三編；第 14 冊）
ISBN 978-986-518-630-2（精裝）
1. 山海經 2. 研究考訂
011.08　　　　　　　　　　　　　　　110012078

ISBN-978-986-518-630-2

古典文獻研究輯刊
三三編　第十四冊　　　　　ISBN：978-986-518-630-2

山海經通解（下）

作　　者　周運中
主　　編　潘美月、杜潔祥
總 編 輯　杜潔祥
副總編輯　楊嘉樂
編　　輯　許郁翎、張雅淋、潘玟靜　美術編輯　陳逸婷
出　　版　花木蘭文化事業有限公司
發 行 人　高小娟
聯絡地址　235 新北市中和區中安街七二號十三樓
　　　　　電話：02-2923-1455／傳真：02-2923-1452
網　　址　http://www.huamulan.tw 信箱 service@huamulans.com
印　　刷　普羅文化出版廣告事業
初　　版　2021 年 9 月
全書字數　256806 字
定　　價　三三編 36 冊（精裝）台幣 90,000 元
版權所有・請勿翻印

《山海經》通解（下）

周運中 著

目

次

第六章　《海外經》注釋

很多人誤以為海內、海外、大荒是從近到遠的三重結構，有的整理本前言都有如此錯誤解釋，〔註1〕其實《海外經》是《大荒經》的不同版本而已，《大荒經》不是在《海外經》之外。

古代學者早就發現《海外經》、《大荒經》的對應關係，畢沅注《山海經》，常在《大荒經》、《海內經》五篇的條目下注：「此似釋海外某經也」，「此似釋海內某經也」，他認為《大荒經》、《海內經》五篇是解釋《海外經》、《海內經》八篇。袁珂認為《荒經》的內容一般比《海外》、《海內》簡單，《海外》、《海內》可能是在《荒經》以下五篇取材而又加以適當發揮。〔註2〕我認為《大荒經》五篇的內容遠比《海外經》、《海內經》八篇蕪雜，《海外經》、《海內經》八篇確實是刪改《大荒經》五篇所得。

袁行霈則認為《大荒經》以下五篇本來是雜在《海外經》、《海內經》八篇中的文字，〔註3〕我認為不確，臆測過多。袁珂知道《海外經》、《大荒經》是同源文獻。而袁行霈籠統地瀏覽《大荒經》各篇開頭，發現都寫有某海之外，簡單地推理《大荒經》是從《海外經》中析出，當然錯誤。

侯仁之很早有專文，比較《海外、海內經》和《大荒、海內經》，認為二者同源。二者可以對應的地方非常多，說明二者是同源文獻。侯文也有對應條目的表格，並抄出各條全文，但沒有列出《海外經》全部條目，沒有標注可對應的條目在《大荒經》中的次序。

〔註1〕黃永年校點：《山海經》，出版說明，遼寧教育出版社，1997年。
〔註2〕袁珂：《神話論文集》，第13～14頁。
〔註3〕袁行霈：《〈山海經〉初探》，《中華文史論叢》，1979年第3期。

　　我製作的新表，列出《海外經》四篇的各個條目，凡在《大荒經》中有對應條目的標☆，數字 1～15 為《大荒經》中與《海外經》對應的條目，在《大荒經》中的次序。

海外南經	海外東經	海外西經	海外北經
結胸國	嗟丘百果☆10	滅蒙鳥	肅慎☆2
南山	大人國☆1	大運山	無臂☆（繼無、無繼）12
比翼鳥	奢比尸☆9	大樂之野☆15	燭陰☆（燭龍）14
羽民國☆1	君子國☆2	三身國	一目國☆11
神人二八	虹虹	一臂國☆14	柔利國☆（牛黎國）13
畢方鳥	朝陽谷天虞☆（天吳）5	奇肱國☆（奇左）13	共工臣相柳☆（共工臣相繇）9
讙頭國☆7	青丘☆3	刑天☆（夏耕）12	深目國☆10
厭火國	豎亥	女祭、女戚☆（女祭、女薎）11	無腸國☆8
三朱樹	黑齒☆4	鵹鳥、鶬鳥☆（青鳶、黃鷔）9	聶耳國☆（儋耳）5
三苗國	湯谷扶桑☆（溫源谷扶木）8	丈夫國☆7	夸父☆6
戴國☆4	雨師妾	女丑☆5	積石山☆4
貫胸國	玄股☆6	巫咸國☆3	拘纓
交脛國	毛民☆（搖民）7	并封☆（屏封）10	尋木☆（槃木）3
不死民☆2	勞民	女子國☆6	支踵
歧舌國		軒轅國☆8	歐絲
崑崙墟		㕙野☆4	務隅山顓頊之葬☆（附禺山顓頊之葬）1
鑿齒☆3		白民國☆1	禺強☆7
三首國			
周饒國（焦僥）☆5			
長臂國☆6			
狄山8（岳山）			

第一節　《海外南經》

　　中國和南亞的交流源遠流長，《史記·大宛列傳》說張騫在中亞看到蜀布、邛竹杖，得知西南有路通身毒（印度）。前人指出，公元前 4 世紀的《政事論》提到的 Cīna 即中國，《摩訶婆羅多》、《羅摩衍那》、《摩奴法典》也提到 Cīna。[註4] 其實中國和南亞密切的文化交流還要再早一千年，考古學家已經認定商代四川三星堆文化的大量海貝來自印度洋，金面具、金權杖、銅立人

〔註 4〕季羨林：《中印文化交流史》，中國社會科學出版社，2008 年，第 10 頁。饒宗頤：《蜀布與 Cinapatta——論早期中印緬之交通》，《饒宗頤東方學論集》，汕頭大學出版社，1999 年，第 227～259 頁。

都是通過南亞來到中國的西亞甚至埃及文化因素。〔註5〕前人指出，中國最早的柳葉形青銅劍出自成都十二橋晚商遺址，這種青銅劍是在西元前3000年的土耳其出現。印度從西元前三千紀中期開始出現，流行到前1500年左右。中國西南地區約在前 1300 年左右出現這種成熟的劍，很可能是從印度傳入中國。〔註6〕關於上古西南絲綢之路，我另有專著詳考。

海外自西南陬至東南陬者。結匈國在其西南，其為人結匈。

注：《淮南子·地形訓》與《山海經》同源的三十六國作結胸，郭璞注：「臆前胅出，如人結喉。」即甲狀腺腫大，古人稱為癭，許慎《說文》卷七：「癭，頸瘤也。」結匈國即《大唐西域記》卷四屈露多國：「人貌粗弊，既癭且尰。」屈露多國（Kulūta）在印度西北部的喜馬偕爾邦，都城在古盧（Kulu），〔註7〕地處喜馬拉雅山麓，遠離海洋，因為缺碘，有此疾病。

南山在其東南。自此山來，蟲為蛇，蛇號為魚。一曰南山在結匈東南。

注：南山即青藏高原，《史記·大宛列傳》記載張騫在大月氏：「留歲餘，還，並南山，欲從羌中歸，復為匈奴所得。」南山是崑崙山，因為在東西通道之南而得名。蟲為蛇，指梵語的蟲 jantu，讀音接近漢語蛇的上古音透母魚部 djyai。蛇為魚，指梵語的蛇 ahi，極近漢語魚的上古音疑母魚部 nga，現在閩南語的魚讀為 hi。

比翼鳥在其東，其為鳥青、赤，兩鳥比翼。一曰在南山東。

注：比翼鳥即《大唐西域記》卷七尼波羅國（今尼泊爾）的命命鳥，《雜寶藏經》作共命鳥，梵文是 jīvajīvaka，jīva 是生命。據說是一身兩頭的鳥，一說是鶼鶼之類。〔註8〕比翼鳥畫在圖上，正像一身兩頭，或許是源自鶼鶼雌雄相伴的習性。

〔註5〕 霍巍：《廣漢三星堆青銅文化與古代西亞文明》，《西南考古與中華文明》，巴蜀書社，2011 年，第21～34 頁。
〔註6〕 段渝：《商代中國西南青銅劍的來源》，《社會科學研究》2009 年第 2 期。
〔註7〕 〔唐〕玄奘、辯機原著、季羨林等校注：《大唐西域記校注》，第372～373 頁。
〔註8〕 〔唐〕玄奘、辯機原著、季羨林等校注：《大唐西域記校注》，第612～613 頁。

甘肅天水麥積山石窟第 9 窟的共命鳥

羽民國在其東南，其為人長頭，身生羽。一曰在比翼鳥東南，其為人長頰。

注：羽民國是身穿鳥羽衣服的人，玄奘《大唐西域記》卷二《印度總述》之六《衣飾》：「或衣孔雀羽尾。」毗濕奴 Visnu（遍入天）第八次的化身黑天 Krsna 的神鳥是孔雀，黑天派的人以孔雀羽毛為衣飾，稱為孔雀行者 Māyūravartin。〔註9〕羽民的讀音接近亞穆納河 Yamuna，靠近秣菟羅國 Mathura，在今馬圖拉，此地是遍入天派的中心，據傳是黑天的誕生地，今天仍然是印度的聖地，應是羽民國。Mathura 的讀音接近孔雀 Mayūra，地名很可能源自孔雀。

江西新幹縣大洋洲出土商代的玉雕羽人，2000 年荊州出土戰國木雕羽人站在鳳鳥（孔雀）背部，2008 年襄陽漢魏墓出土了銅羽人，菜越漢魏墓出土的陶樓上有類似的羽人浮雕，都是典型的南方圓臉。〔註10〕西安出土的漢代羽人是典型的長臉，不過這可能是受到《山海經》的影響。大理喜洲鎮弘圭山出土東漢青銅鳥背部有羽人，手持藥罐。

有神人二八，連臂，為帝司夜於此野。在羽民東，其為人小頰赤

〔註9〕〔唐〕玄奘、辯機原著、季羨林等校注：《大唐西域記校注》，第 180 頁。
〔註10〕陳千萬：《襄陽出土的銅羽人與楚地巫術》，《楚文化研究論集》第十集，湖北美術出版社，2011 年。

肩,盡十六人。

注:二八即尼泊爾(Nepal),音譯為二八,上古音的二是日母脂部 njiei,八是幫母質部 pet。二八是漢人誤解附會,饒宗頤指出二八是周代女樂之數,《左傳》襄公十一年鄭人用女樂二八賄賂晉侯,《韓非子·內儲說下》晉獻公用女樂二八誘惑虞國,《史記·秦本紀》秦以女樂二八迷惑戎王,《楚辭·招魂》:「二八齊容,起鄭舞些。」《大招》:「二八接舞,投詩賦只。」〔註11〕所謂二八神十六人是漢人對音譯地名二八的附會,《海經》的訛誤大體上都是如此產生。但是這種附會也有根據,因為印度有廟妓,所以說為帝守夜。

畢方鳥在其東,青水西,其為鳥人面一腳。一曰在二八神東。

注:畢方鳥即南亞的火烈鳥(flamingo),阿薩姆語等語言作 phlemingo,《西次三經》說崑崙山之西的章莪山:「有鳥焉,其狀如鶴,一足,赤文青質而白喙,名曰畢方,其鳴自叫也,見則其邑有譌火。」火烈鳥飛羽黑色,覆羽深紅,嘴部白色,古人認為能帶來火災。畢方是音譯,因為上古音的方是幫母陽部 piuang,接近 mingo,所以把 phlemingo 譯為畢方。

讙頭國在其南,其為人,人面有翼,鳥喙,方捕魚。一曰在畢方東。或曰讙朱國。

注:讙頭國人捕魚,在今比哈爾邦的北部,因為是多條河流交匯處,現在還是印度最大的淡水魚產地。〔註12〕《大唐西域記》尼波羅國上一條弗栗恃國 Vrji,在今比哈爾邦的甘達克河(Gandak)和巴格馬提河(Bagmati)之間,南到恒河,北到尼泊爾,玄奘記載如來在此化度漁人的故事,說:「五百漁人結疇附黨,漁捕水族。」〔註13〕

讙頭即印度 Hindu,前 326 年,摩揭陀國的旃陀羅笈多 Candargupta(月護),統一印度大多數地方,建立孔雀王朝,定都華氏城,在今巴特那 Patna,《山海經》寫成的年代,印度的都城在比哈爾邦,故名讙頭。

厭火國在其國南,獸身黑色,生火出其口中。一曰在讙朱東。

注:厭火國人是黑色,是印度的土著族群,獸身指長相不同。在今比哈

〔註11〕饒宗頤:《固庵文錄》,遼寧教育出版社,2000 年,第 84～85 頁。
〔註12〕中國地圖出版社編著:《印度地圖冊》,中國地圖出版社,2012 年,第 64 頁。
〔註13〕〔唐〕玄奘、辯機原著、季羨林等校注:《大唐西域記校注》,第 609 頁。

爾邦南部的恰爾肯德邦，以山地為主，因為居民以土著族群為主，所以 2000
年從比哈爾邦分出。《大唐西域記》記載南印度各國人是黑色，厭火國人能吐
火，《後漢書‧西南夷列傳》：「永寧元年，撣國王雍由調復遣使者詣闕朝賀，
獻樂及幻人，能變化吐火，自支解，易牛馬頭。又善跳丸，數乃至千。自言我
海西人，海西即大秦也，撣國西南通大秦。」撣國即今緬甸撣邦，海西即孟加
拉灣之西，大秦在今印度南部。馮承鈞認為大秦即南天竺 Daksinapatha，《法
顯傳》稱達嚫，印地語的南方是 daksina。〔註 14〕章巽認為達嚫即南憍薩羅國
（Daksina-Kosala），在今印度中部。〔註 15〕

**三珠樹在厭火北，生赤水上，其為樹如柏，葉皆為珠。一曰其為樹
若彗。**

注：三株樹在赤水上，《山海經‧西次三經》崑崙山：「赤水出焉，而東南
流注於氾天之水。」岑仲勉指出氾天之水即布拉馬普特拉河（Brahmaputra），
義為梵天之子，則赤水為恒河。三株樹在恒河下游。《大唐西域記》卷十奔那
伐彈那國（Punnavadhana）：「般娑果既多且貴，其果大如冬瓜，熟則黃赤，剖
之中有數十小果，大如鶴卵，又更破之，其汁黃赤，其味甘美。」國都在今孟
加拉國博格拉（Bogra）之北，在恒河和布拉馬普特拉河之間。卷二也提到般
娑果（Panasa），即菠蘿蜜。〔註 16〕《海經》原來是地圖，地圖上畫的菠蘿蜜
樹，用圓圈表示菠蘿蜜果，傳入中國，有人誤以為這些圓圈是珠，於是寫成
三珠樹。

三苗國在赤水東，其為人相隨。一曰三毛國。

注：三苗國不是苗族，而是玄奘《大唐西域記》奔那伐彈那國之下第二
條三摩呾吒國（Samatata），國都在今達卡西南，〔註 17〕音譯為三苗。再下一
條是耽摩栗底國，在今印度西孟加拉邦加爾各答西南的塔姆魯克（Tamluk），
原來是恒河入海口，〔註 18〕所以是重要的海港。義淨從此地登陸和回國，玄
奘也想從此地回國。〔註 19〕現在恒河干道東移，所以古代三摩呾吒國正是在

〔註 14〕馮承鈞：《中國南洋交通史》，上海古籍出版社，2005 年，第 4 頁。
〔註 15〕〔晉〕法顯撰、章巽校注：《法顯傳》，第 117～118 頁。
〔註 16〕〔唐〕玄奘、辯機原著、季羨林等校注：《大唐西域記校注》，第 213、790 頁。
〔註 17〕〔唐〕玄奘、辯機原著、季羨林等校注：《大唐西域記校注》，第 801～802 頁。
〔註 18〕周運中：《中國南洋古代交通史》，廈門大學出版社，2015 年，第 146～148 頁。
〔註 19〕〔唐〕玄奘、辯機原著、季羨林等校注：《大唐西域記校注》，第 805～807 頁。

赤水﹝恒河﹞之東。

戴國在其東，其為人黃，能操弓射蛇。一曰戴國在三毛東。

注：戴國的讀音從至，上古音是照母質部 tiet，即緬甸的古國驃國，《新唐書》卷二二二下：「驃，古朱波也，自號突羅朱，闍婆國人曰徒里拙。」突羅朱、徒里拙音近 tiet。

貫匈國在其東，其為人匈有竅。一曰在戴國東。

注：貫匈國，是貫鼻國之誤，匃、鼻形近。《後漢書·南蠻西南夷列傳》：「哀牢人皆穿鼻、儋耳。」《華陽國志·南中志》：「（哀牢）有穿胸、儋耳種」。尤中先生認為穿胸是穿鼻之誤，﹝註20﹞任乃強把原文穿胸改為穿鼻。﹝註21﹞現在印度尼西亞有的民族還有穿鼻習俗，﹝註22﹞廣東的珠江口還留下穿鼻洋這個地名。唐代樊綽《蠻書》卷四說柘東的穿鼻蠻：「以徑尺金環穿鼻中隔，下垂過頤。」

交脛國在其東，其為人交脛。一曰在穿匃東。

注：上古音的交、高都是見母宵部，現在中國南方的諸多方言還是同音，所以交脛是高頸之誤。緬甸東部克耶邦的克耶族，有支系卡央拉韋人（Kayan Lahwi），此族女子以長頸為美，從五歲開始每年在脖子上戴一個銅圈，多達數個，重達數斤，脖子被畸形拉長。這就是高頸國，此國人以不死而著名。《南史》卷四九《劉杳傳》劉杳說：「長頸是毗騫王，朱建安《扶南以南記》云：古來至今不死。」《太平御覽》卷七八八引竺芝《扶南記》：「毗騫國，去扶南八千里，在海中。國王身長三丈，頸長三尺，自古以來不死，知神聖未然之事……子孫生死如常人，惟此王不死耳，號曰長頸王。食器皆純金，金如此間之石，無央限也……長頸王亦能作天竺書。」現在鄰近克耶的錫當河上游仍然盛產黃金，撣人把卡央拉韋族稱為巴冬（Padaung）。﹝註23﹞

不死民在其東，其為人黑色，壽不死。一曰在穿匈國東。

﹝註20﹞尤中：《西南民族史論集》，昆明：雲南民族出版社，1982 年，第 14 頁。
﹝註21﹞﹝晉﹞常璩著、任乃強校注：《華陽國志校補圖注》，上海古籍出版社，1987 年，第 285 頁。
﹝註22﹞《紅樹林裏的雕刻家——阿詩馬人》，《中國國家地理》2000 年第 11 期。
﹝註23﹞周運中：《中國南洋古代交通史》，第 136～137 頁。

注：不死人長壽，應在今雲南省的西南部，《華陽國志》卷四：「（呂）祥子元康末為永昌太守。值南夷作亂，閩濮反，乃南移永壽，去故郡千里，遂與州隔絕。」永壽縣在永昌（今保山）之南千里，或許因為居民長壽得名，今潞西等地是長壽之鄉。閩濮是《蠻書》卷四的芒蠻，是南亞語系民族，則永壽不在永昌的正南，而是西南。

反舌國在其東，一曰在不死民東。

注：反舌不是真的舌頭反長，而是指侗臺語系的語序和漢藏語系不同，被修飾的賓語放在詞頭，此處指雲南、廣西的侗臺語系越人。

崑崙虛在其東，虛四方。一曰在反舌東，為虛四方。

注：崑崙虛即崑崙丘，虛（墟）、丘是同源字，許慎《說文》：「虛，大丘也。」此處的崑崙山不是中國西北的崑崙山，而是熱帶的崑崙，也即崑崙奴的崑崙，法國學者費瑯有詳細考證。〔註 24〕

羿與鑿齒戰於壽華之野，羿射殺之。在崑崙虛東。羿持弓矢，鑿齒持盾。一曰戈。

注：珠江三角洲，增城金蘭寺、佛山河宕遺址發現拔牙習俗，但是此處的鑿齒民是指仡佬族，仡佬族有拔牙習俗。〔註 25〕壽華即《大荒西經》壽麻，即收靡縣，在今雲南尋甸縣，《水經注》卷三六《若水》記載收靡縣名源自升麻，升麻是解毒奇藥，我認為即印度文化不死藥 soma 的由來。

三首國在其東，其為人一身三首。

注：雲南的南部有印度移民，《華陽國志》卷四《南中志》：「有閩濮、鳩獠、僄越、裸濮、身毒之民。」三首是印度移民崇拜的三頭神。

周饒國在其東，其為人短小，冠帶。一曰焦僥國在三首東。

注：周饒即僬僥，在今雲南的西南部的古代族群，《後漢書》卷五《安帝紀》永初元年（107 年）：「己卯，永昌徼外僬僥種夷貢獻內屬。」卷八十六

〔註24〕〔法〕費瑯著、馮承鈞譯：《崑崙及南海古代航行考》，北京：中華書局，2002年，第 17～32 頁。

〔註25〕韓康信、中村孝博：《中國和日本古代儀式拔牙的比較研究》，《考古學報》1998 年第 3 期。

《西南夷列傳》：「永初元年，徼外僬僥種夷陸類等三千餘口舉種內附，獻象牙、水牛、封牛。」尤中認為僬僥人是融合於孟－高棉族中的矮黑人。〔註26〕《國語・魯語下》：「僬僥氏長三尺，短之至也。」潘光旦說：「僬僥，即侏儒之音轉。」〔註27〕

長臂國在其東，捕魚水中，兩手各操一魚。一曰在焦僥東，捕魚海中。

注：長臂國人在海中捕魚，在今越南沿海。《續漢書・郡國志》日南郡朱吾縣（在今越南中部），唐李賢注引《交州記》：「其民依海際居，不食米，止資魚。」北美洲西北海岸印地安人胸部和上肢肌肉發達，下肢則比歐洲人短，由於世代在獨木舟中搖槳捕魚，上肢得到充分鍛鍊，變得十分粗壯。〔註28〕現在東南亞還有這種純粹的海上漁業民族，在菲律賓、馬來西亞、印度尼西亞交界海域，有海上民族巴瑤族（Bajau），這個民族甚至把小孩的耳膜刻意鑽破，雖然要流血、疼痛、休息一周，但是從此可以更好地在海中捕魚。

狄山，帝堯葬於陽，帝嚳葬於陰。爰有熊、羆、文虎、蜼、豹、離朱、視肉。吁咽、文王皆葬其所。一曰湯山。一曰爰有熊、羆、文虎、蜼、豹、離朱、鴟久、視肉、虖交。其范林方三百里。

注：范林在《山海經》出現多次，另見《海外北經》、《海內南經》，《海內北經》作氾林。或許是封林，封字的原形是封土上有樹木。因為《海外南經》是根據《大荒南經》改編，《大荒南經》的堯、嚳、舜葬地岳山靠近十日所在的湯山，所以湯山誤為《海外南經》的堯、嚳葬地，從湯山誤為易山、狄山。湯山即溫泉山，在今日本。《海內南經》聖木曼兌，誤為挺木牙交，再誤為乎交（虖交），證明《海外經》四篇比《海內經》四篇晚。

第二節 《海外西經》

滅蒙鳥在結匈國北，為鳥青，赤尾。

注：這是中亞和南亞的火烈鳥，阿薩姆語是 phlemiṅgo，音譯為滅蒙鳥。

〔註26〕尤中：《西南民族史論集》，雲南民族出版社，1982 年，第 4 頁。
〔註27〕潘光旦：《中國民族史料彙編》，天津古籍出版社，2005 年，第 131 頁。
〔註28〕高小剛：《圖騰柱下》，北京：三聯書店，1997 年，第 49 頁。

大運山高三百仞，在滅蒙鳥北。

注：上古音的運是 guən 或 huən，讀音接近巴基斯坦最北部的 Hunza，古代譯為棍雜、乾竺特，現在譯為罕薩，再北是塔什庫爾干縣。

大樂之野，夏后啟於此儛《九代》，乘兩龍，雲蓋三層。左手操翳，右手操環，佩玉璜。在大運山北。一曰大遺之野。

注：大樂是巴基斯坦北部的達麗爾 Darel 音譯，《法顯傳》稱為陀歷國，在交通要衝。對應《大荒西經》的天穆之野，天穆是大樂的形誤。《漢書·西域傳上》：「德若國，領戶百餘，口六百七十，勝兵三百五十人……與子合相接。」德若即達麗爾，正是在子合國之西。

三身國在夏后啟北，一首而三身。一臂國在其北，一臂、一目、一鼻孔。有黃馬，虎文，一目而一手。奇肱之國在其北。其人一臂三目，有陰有陽，乘文馬。有鳥焉，兩頭，赤黃色，在其旁。

注：對應《大荒西經》的三面一臂不死之人，說明三身是三首（三面）的誤字，三面即《大唐西域記》的商彌國，《漢書》是雙靡，《洛陽伽藍記》卷五是賒彌，《魏書》是舍彌，在今瓦罕，因為是長壽之鄉，故名不死之人。商彌可能源自印歐語的蛇，印地語是 samp，羅曼尼語是 sap。

奇肱就是一臂，奇是單獨，肱是臂膀，《穆天子傳》卷二：「至於黑水，西膜之所謂鴻鷺。於是降雨七日，天子留胥六師之屬。天子乃封長肱於黑水之西河，是惟鴻鷺之上，以為周室主，是曰留胥之邦。」長肱在黑水（阿姆河），即奇肱，留胥是粟特語的光明 roxan。奇肱讀音接近共工，共工是蛇，見下文《大荒北經》部分。

形天與帝至此爭神，帝斷其首，葬之常羊之山。乃以乳為目，以臍為口，操干戚以舞。

注：刑天就是印度神話中的羅睺 Rahu，偷吃不死神藥，被毗濕奴砍頭，成為計都星 ketu，ketu 讀音接近刑天、砍頭，所以在此處，刑即砍，天即頭。這是音譯兼義譯，ketu 源自高、寒，蒙古語的寒冷是 hujten 或 hondij，灰騰梁和奎屯都是源自高寒。德語的寒冷是 kalt，是同源字。源自蒙古語的高 undur，漢譯是溫都爾。漢代的玄菟郡、現代的完達山，也是源自高，滿語引申為梯子。《逸周書·史記》：「昔者玄都賢鬼道，廢人事天，謀臣不用，龜策是從，

神巫用國,哲士在外,玄都以亡。」前人或以為玄都是印度,其實未必是印度,很可能是北方草原部落,是玄菟的同源字。

這個字可能又從高寒演變為印度 Hindu,印度河出自高原,故名印度,即高處的河。所以在青藏高原和帕米爾高原的最高處有縣度和捐毒,《漢書·西域傳上》:「縣度者,石山也,溪谷不通,以繩索相引而度云。」縣度在今印度河上游的喀喇崑崙山,縣度的本義是高處,所謂懸掛度過是漢語的曲解,《後漢書·西域傳》竟然因此改寫為懸度。捐毒、懸度是同源字,《漢書·西域傳上》:「捐毒國,王治衍敦谷……南與蔥嶺屬,無人民。西上蔥領,則休循也。西北至大宛千三十里,北與烏孫接。衣服類烏孫,隨水草,依蔥領,本塞種也。」捐毒在今烏恰縣西北,在帕米爾高原的北部。

此處的刑天,是在印度河上游的縣度。捐毒人是塞人,對應《海內西經》貳負與危殺窫窳,貳負讀音接近羅睺 Rahu,印歐語中狼的讀音接近 lap,比如法語是 laup,拉丁語是 lupus,羅馬 Rome 就是源自狼。《晉書·北狄傳》記載入塞的北狄十九種,有捍蛭種、黑狼種,捍蛭源自狼,愛沙尼亞語是 hunt,Ket 語是 qyt,土耳其語是 kurt,維吾爾語是 qurt,也是從高寒引申而來。從印歐語的狼 Rahu(laup)變成突厥語的狼 ketu(kurt),指冒犯神靈的印歐人被驅逐,變成異族。

常羊是梵語的月亮 chandra,源自印度河 Hindu,伊朗語讀 Hindu 為 Sindu,讀音接近月亮。所以神話中的計都星(彗星)時常咬太陽和月亮,造成日食和月食,所以在月亮山斬首。

內蒙古博物館藏漢代青銅刑天象

　　我在 2019 年 9 月 7 日，發現內蒙古博物院藏有一組漢代的青銅飾品，其中一件竟然就是刑天，中間的人沒有頭，但是身上有五官，外面是一個雙頭龍環繞，似乎是龍吃了刑天的頭。這個雙頭的龍就是《海外東經》：「虹虹在其北，各有兩首。」虹虹（彩虹）即共工，即上一條的奇肱，讀音極近。蒙古語的 solongo 是彩虹和黃鼬，讀音接近印歐語的蛇，蛇的丹麥語、挪威語是 slange，法羅語、冰島語是 slanga，德語是 schlange，則共工（虹虹、彩虹）的原義是蛇。蛇吃掉刑天的頭，指水神和刑天的鬥爭，毗濕奴的化身魚、龜、豬證明他也是水神，貳負所殺是窫窳也是水神。這組青銅飾品來自西方文化，我將在上古草原文明一書中詳考。

女祭、女戚在其北，居兩水間，戚操魚觛，祭操俎。

　　注：對應《大荒西經》寒荒之國的女祭、女薎，《大唐西域記》稱羯盤陀國是女子為王。上古音的祭、戚是 tsat、tshyu，玄奘《大唐西域記》卷四的設多圖盧國，梵語是百川 Satadru，或作 Sitadru，〔註29〕我認為塔里木河的名字徙多河就是源自 Sita，或許是百，或許是梵語的寒冷 sita。塔里木河的源頭在塔什庫爾干縣，兩水是葉爾羌河的兩個源頭。

鷙鳥、鶙鳥，其色青黃，所經國亡。在女祭北。次鳥人面，居山上。一曰維鳥，青鳥、黃鳥所集。

　　注：這是指青藏高原民族的天葬習俗，屍體留給禿鷲吃，所以傳聞經過的地方有亡人。詹、維、雍形近，應是雍，次雍是黑色，黑色的波斯語是 siyâh，土耳其語是 siyak，烏茲別克語是 siyok。次雍是黑色的鳥，即禿鷲。次雍的讀音接近西夜，《後漢書‧西域傳》：「自於寘經皮山，至西夜、子合、德若焉。西夜國一名漂沙……《漢書》中誤云西夜、子合是一國，今各自有王」。漂沙即皮山，西夜國在今葉城縣中南部，西漢時的西夜國因為吞併子合國，而稱子合王，西夜國是塞人建立。

丈夫國在維鳥北，其為人衣冠帶劍。

　　注：丈夫國源自藏語的北方人 chang-pa，上古音的丈夫 tiang-phua，讀音很近。崑崙山的西北稱為閶闔 thjiang-hap，也是同源字。我認為此地就是漢代

〔註29〕〔唐〕玄奘、辯機原著、季羨林等校注：《大唐西域記校注》，第 375 頁。

的子合國，《大唐西域記》卷十二斫句迦國，《魏書》是悉巨半，《洛陽伽藍記》是朱駒波，《新唐書》是朱俱波，藏文是 cugoban，佉盧文是 cugupa、cugopa。〔註30〕我認為源自藏語的北方人，讀音很近。

　　子合國人不是胡人，而是羌人，《漢書·西域傳上》：「西夜國，王號子合王，治呼犍谷……東與皮山、西南與烏秅、北與莎車、西與蒲犁接。蒲犁及依耐、無雷國皆西夜類也。西夜與胡異，其種類羌氐行國，隨畜逐水草往來。而子合土地出玉石。」子合國在今葉城縣西南部，今有西合休鄉，讀音接近。

女丑之尸，生而十日炙殺之。在丈夫北。以右手鄣其面。十日居上，女丑居山之上。

　　注：藏族傳說中的女祖先羅剎女，梵文原義是魔女。藏族是羌族男子和高原土著女人結合產生，土著女人的血緣來自 Y 染色體為 D 型的族群和更古老的丹尼索瓦人，形貌不同。因為在高原，日照太強，所以是被十日炙殺，以手鄣面本來是指避免日照，被附會成害羞，羞改寫成丑，此條證明《山海經》的作者不是來自青藏高原。

巫咸國在女丑北，右手操青蛇，左手操赤蛇。在登葆山，群巫所從上下也。

　　注：登葆即吐蕃，吐蕃 Tibet 源自高處，突厥語的山丘 tepa、英語的高 top、漢語的突、凸都是同源字。突厥語的巫師是 Qam，讀音接近咸 ham，巫咸就是巫師。因為塔里木盆地南部的道路是東西向，其實改為向東，不是向北。

并封在巫咸東，其狀如彘，前後皆有首，黑。

　　注：對應《大荒西經》：「有獸，左右有首，名曰屏蓬。」如果是并豕，則此地是皮山 Pisan。如果是并封，則是媲摩，于闐文是 phimmāmana，phim 譯為并，māmana 譯為封 pong、蓬 bong，唇音接近，在今策勒縣北。

女子國在巫咸北，兩女子居，水周之。一曰居一門中。

　　注：突厥語的河流是 darya，波斯語的門是 dar，讀音接近，所以有此誤解，疑即上文在河流之中的兩個女子，此條是上文女祭、女戚的錯簡。可見

〔註30〕〔唐〕玄奘、辯機原著、季羨林等校注：《大唐西域記校注》，第 998 頁。

《海經》的作者聽到兩種語言的傳聞，作者非常熟悉西域，不可能是漢人。應該是在門中，指在公主堡中。

軒轅之國在窮山之際，其不壽者八百歲。在女子國北，人面蛇身，尾交首上。窮山在其北，不敢西射，畏軒轅之丘。在軒轅國北，其丘方，四蛇相繞。

注：軒轅是于闐，玄奘《大唐西域記》卷十二稱瞿薩旦那國（于闐）：「俗語謂之漢那國。」俗語是本地塞人的原名 Havana，非常接近軒轅，至今和田仍然是長壽之鄉。窮山即《西次三經》槐江山之東的有窮鬼（渠勒國）之地，在今於田縣南部，見上文《西次三經》。從渠勒人不敢向于闐射箭來看，作者很可能是于闐的塞人。塞人的女祖先是蛇身，所以軒轅丘有蛇環繞。

此諸夭之野，鸞鳥自歌，鳳鳥自舞。鳳皇卵，民食之。甘露，民飲之：所欲自從也。百獸相與群居。在四蛇北，其人兩手操卵食之，兩鳥居前導之。

注：對應《大荒西經》有沃民、沃野之國，原名應是諸沃，即《海內經》的都廣，諸沃 tja-ôk、都廣 ta-kuang、敦煌、單桓、單于音近，都是龍，毛利語是 taniwha，即《中次八經》驕山的單圍，希臘語是 drákōn，拉丁語是 draco，我認為很可能是突厥 turk、吐火羅 twqry 的由來。

沃野即《穆天子傳》卷三所說的西北大曠原：「天子飲於溠水之上……爰有□藪水澤，爰有陵衍平陸。碩鳥物羽，六師之人畢至於曠原。曰天子三月舍於曠原□……得獲無強，鳥獸絕群……天子於是載羽百車。」溠 njiok 水即弱 njiok 水，即塔里木河，鳥獸很多。大曠讀接都廣，既是音譯，也是義譯。

龍魚陵居在其北，狀如鯉。一曰鰕。即有神聖乘此以行九野。一曰鱉魚，在夭野北，其為魚也如鯉。

注：山上的龍魚，是今焉耆東部的博斯騰湖，正是在山間，焉耆王姓龍，焉耆人被稱為龍部落。羅布泊的西南也有伊循，我認為源自印歐語的龍，龍的波斯語是 aždar，烏茲別克語是 ajdar，柯爾克孜語是 acıdaar，也即伊賽多涅斯 Issedones、烏孫 asun、阿史那 asna。《淮南子·地形訓》：「離棠、武人在西北陬，碨魚在其南。」

白民之國在龍魚北，白身被髮。有乘黃，其狀如狐，其背上有角，乘之壽二千歲。

注：龍魚之北的白民國，是白種印歐人（月氏人），也可能是其東北部的突厥人。乘黃是馬，背部的角是馬鞍，這是漢人看圖寫書的誤解。乘黃應是乖黃，即《海內北經》吉量，即《穆天子傳》渠黃，即芬蘭語的馬 hevonen。

肅慎之國在白民北，有樹名曰雄常，先入代帝，於此取之。

注：此處是肅慎或許是東北肅慎的錯簡，或許是在西域，肅慎或是印歐語的豬，拉丁語是 sus，法語是 cochon，巴什基爾語是 susqa，肅慎源自豬，《三國志》卷三十說扶餘之北的挹婁人：「土氣寒，劇於夫餘。其俗好養豬，食其肉，衣其皮。冬以豬膏塗身，厚數分，以御風寒。」這就是通古斯人名字的由來，突厥語的通古斯 tonguz 是豬。

雄常即《淮南子》的雒棠，我認為源自波斯語的光明 roxan，霍去病封狼居胥山，我認為狼居胥 lang-kiə-sia 就是 roxan。雒棠是光明之樹，也是塞人的神樹。Roxan 簡譯即若 njak，雒棠即若木，《大荒北經》在西北，而最末的《海內經》在西南，其實是在塞人之地。

光明樹很可能是棉花，棉花是源自南亞的重要植物。棉花是白色，故名光明樹。郭璞注若木：「其俗無衣服，中國有聖帝代立者，則此木生皮可衣也。」《太平御覽·東夷五》作「先人代帝，於此取衣」，《木部十》作「聖人代立，於此取衣」。依照郭注和《太平御覽》，則原文指在若木取衣，若木應是草棉或木棉，所以西南也有。

永昌郡（在今滇西）的哀牢夷有棉布先蓋死人的風俗，《太平御覽》卷八二〇引華嶠《後漢書》哀牢夷：「有梧木華，績以為布，廣五尺，潔白不受垢污。先以覆亡人，然後服之。」《華陽國志·南中志》永昌郡：「有梧桐木，其華柔如絲，民績以為布，幅廣五尺以還，潔白不受污，俗名曰桐華布。以覆亡人，然後服之及賣於人。」《後漢書·哀牢夷傳》注引《廣志》：「梧桐有白者。剽國有桐木，其華有白毛，淹漬緝織以為布。」左思《蜀都賦》：「布有橦華」，劉逵注：「出永昌。」所謂梧桐木、梧木、橦，就是今木棉樹，又名攀枝花。

藤田豐八指出，佛經記載聖王下葬，確實是用新棉布纏身。法顯譯《大般涅槃經》卷下，佛將涅槃，諸力士以新淨綿及以細氈纏如來身。後秦佛陀耶

舍、竺佛念合譯的《長阿含經》卷十記載此事，新淨綿作新劫貝，細氎作五百張疊。阿難云：「聖王葬法，先以香湯洗浴其身，以新劫貝，周遍纏身，五百張疊，次如纏之。」劫貝即梵語棉花 karpasa 音譯，疊布是棉花。〔註31〕

長股之國在雄常北，被髮。一曰長腳。

注：長股或許是指體型高大，是更北方的民族。

第三節　《海外北經》

無脅之國在長股東，為人無脅。

注：即《大荒北經》繼無，是無骨之子，食魚。無脅的讀音接近葉尼塞河上游的阿巴坎 Abakan，源自北方，北方是波斯語是 apa，漢語的北是同源字。葉尼塞河東部的支流安加拉河，元代稱為昂可剌，源自魚。胡嶠《陷遼記》：「西則突厥、回紇，西北至嫗厥律，其人長大，髡頭，酋長全其發，盛以紫囊。地苦寒，水出大魚，契丹仰食。又多黑、白、黃貂鼠皮，北方諸國皆仰足。其人最勇，鄰國不敢侵。又其西轄黠斯。」前人或誤以為嫗厥律是東北的烏洛侯，〔註32〕其實嫗厥律 u-ku-lu 在突厥、回紇的西北，在點戛斯之東，顯然是安加拉，安加拉河從貝加爾湖流到葉尼塞河，有很多大魚。

魚的漢語上古音是 nga，緬語是 nga，烏拉爾語系的芬蘭語、愛沙尼亞語都是 kala，新幾內亞島的 Awtuw 語是 gale，南美洲的 Apalaí 語是 kana，Kuikúro 語是 kanga，北美洲的 Assiniboine 語是 hoga。分子人類學揭示，烏拉爾語系民族的祖先在中國，Y 染色體 N 型和東亞的主要類型 O 型關係最近，所以魚的讀音也接近，漢藏語和烏拉爾語各保留了魚的古音 angara 的一部分。美洲土著是從西伯利亞東遷，所以魚的讀音也接近。希臘語的魚是 ikhthus，也很接近。盎格魯人 Anglos 原來住在海邊，或許也是源自魚。《魏書·官氏志》的北方氏族按照從南到北排列，排在渴燭渾（斛薩）氏、庫褥官（骨利幹）氏之北的烏洛蘭氏，就是昂可剌。烏洛蘭（烏各蘭）的讀音接近烏克蘭，烏克蘭河多海廣，所以烏克蘭很可能也是源自魚。

〔註31〕〔日〕藤田豐八著、何健民譯：《中國南海古代交通叢考》，山西人民出版社，2015 年，第 457～458 頁。

〔註32〕賈敬顏：《五代宋金元人邊疆行記十三種疏證稿》，北京：中華書局，2004 年，第 30 頁。

　　鍾山之神名曰燭陰，視為晝，瞑為夜，吹為冬，呼為夏，不飲不食，不息，息為風，身長千里。在無綮之東。其為物，人面蛇身，赤色，居鍾山下。

　　注：鍾的上古音 tjiong 接近唐努 tonu，鍾山就是唐努山，有很多煤礦。燭龍是煤礦自燃，郭璞注：「燭龍也，是燭九陰，因名云。」因為燭龍能把陰間照亮，所以叫燭陰。《大荒北經》：「西北海之外，赤水之北，有章尾山。有神，人面蛇身而赤，直目正乘，其瞑乃晦，其視乃明。不食，不寢，不息，風雨是謁。是燭九陰，是謂燭龍。」

　　屈原《楚辭・天問》：「日安不到，燭龍何照？」《淮南子・地形》：「燭龍在雁門北，蔽於委羽之山，不見日，其神人面蛇身而無足。」《楚辭・大招》：「北有寒山，逴龍赧只。代水不可涉，深不可測只。」太陽照不到的地方，燭龍能照亮。逴龍即燭龍，赧即赤色，住在寒山。燭龍又長又紅，住在山下，能吹出風，能發強光，能把黑夜照亮。有學者認為是極光，〔註 33〕但極光在空中，不在山下。極光千姿百態、五顏六色，並非長形、赤色一種，所以早有學者質疑。〔註 34〕聞一多根據章和鍾、尾（燧）和火相通認為章尾山即鍾火山，《洞冥記》：「東方朔北遊鍾火山，日月不照，有青龍銜燭，照山四極。」聞一多進而認為燭龍是「由火山的性能傅會而來」，可惜他沒有做更深分析，也沒有指出是哪一種火山。〔註 35〕

　　已有學者提出燭龍正是一種煤火山，〔註 36〕但是尚未深入闡發。今按《水經注・河水》：「又有芒干水（今內蒙古大黑河）出塞外，南逕鍾山，山即陰山。」畢沅、郝懿行據「雁門北」推斷今內蒙古的陰山為鍾山。《史記・貨殖傳》：「種、代，石北也，地邊胡。」代即代地（代郡之地，今山西、河北、內蒙古交界地區），種即鍾山一帶。所以《淮南子》說燭龍在雁門之北，委羽之山即解羽之地，委羽是放棄羽毛，解羽是解下羽毛，意思一樣，即《海內西經》所說雁門之北「群鳥所生及所解」的大澤。《楚辭・大招》也說逴龍在代

〔註 33〕張明華：《燭龍與北極光》，中國《山海經》學術討論會編：《山海經新探》，四川省社會科學出版社，1986 年，第 311～314 頁。何新：《諸神的起源》，時事出版社，2002 年，第 246 頁。

〔註 34〕韓湖初：《對「燭龍神話即極光現象」說的質疑》，《華南師範大學學報》，2003年第 5 期。

〔註 35〕聞一多：《神話研究》，巴蜀書社，2002 年，第 87～91 頁。

〔註 36〕周述春：《釋「燭龍」》，《中國歷史地理論叢》1998 年第 3 期。

地，也很吻合。

山西多煤，煤會自燃，白天煙霧彌漫，夜晚明火上竄，一片通明，這就是傳說中在山下的紅色燭龍。《水經注‧灅水》：「黃水又東注武州川，又東歷故亭北，右合火山西溪水。水導源火山，西北流，山上有火井。南北六七步，廣減尺許，源深不見底，炎勢上升，常若微雷響。以草爨之，則煙騰火發。」這個火山就在今大同煤礦，〔註37〕燭龍呼吸的傳說由洞口的氣流和聲響而來，洞穴內外溫差引發氣流。《水經注》同篇：「井北百餘步有東西谷，廣十餘步，南崖下有風穴，厥大容人，其深不測，而穴中蕭蕭，常有微風，雖三伏盛暑，猶須襲裘，寒吹陵人，不可暫停。」《水經注‧河水》記有西域龜茲國北山有煤火，在今天山，岑參有《火山雲歌送別》詩，又有《經火山》詩：「火山今始見，突兀蒲昌東。赤焰燒虜雲，炎氛蒸塞空。不知陰陽炭，何獨燃此中。」〔註38〕明確說是煤炭燃燒形成火山。

北宋在山西設置火山軍，因煤火自燃的火山得名。《太平寰宇記》卷五十火山軍：「在於嵐州火山之下……仍以火山為名。火山，在軍東四十里。」火山軍城，在今山西省河曲縣南舊縣村，金改隩州，設河曲縣。火山，在今河曲縣東南的火山村。陸游《老學庵筆記》卷十：「予頃在南鄭，見一軍校，火山軍人也。言火山之南，地尤枯瘠，鋤钁所及，烈焰應手湧出，故以火山名軍，尤為異也。」〔註39〕陸游在南鄭（今陝西南鄭）遇到來自火山軍的軍人，聽說火山軍有烈火從地下湧出，但是他不明火山的成因。

煤礦自燃被稱為燭龍，此即祝融由來。自然界雷電產生的山火不能持久，但是煤火則長年累月。如果整個山頭燃燒，景象更為壯觀。古人看到地下常年有火，白天冒煙，晚上則有明亮的火焰，下雨天也不會熄滅，心裏非常恐懼，所以尊為火神。明白了祝融（燭龍）來自火山，我們就能明白史書一方面說炎帝以火為紀，又有烈山氏之號。

魏晉時期還有兩條有關山西的地火自燃記載，《魏書》卷一百一十二《靈徵志》火不炎上：「高祖太和八年五月戊寅，河內沁縣澤自燃，稍增至百餘步，五日乃滅……武定三年冬，汾州西河北山火潛行地下，熱氣上出。」沁縣在

〔註37〕賈蘭坡等：《考古在研究大同火山活動時代中的作用》，《亞洲文明論叢》，四川人民出版社，1986年。

〔註38〕〔唐〕岑參：《岑參集校注》，上海古籍出版社，2004年，第106、204頁。

〔註39〕〔宋〕陸游撰、李劍雄、劉德權點校：《老學庵筆記》，北京：中華書局，1979年，第129頁。

今河南濟源，鄰近山西晉城。汾州西河郡治今山西汾陽，〔註40〕這兩次自燃很可能也是煤礦自燃，古人就說自燃。

古代陝北有天然氣自燃，稱為火井，有火井祠。《漢書‧地理志下》西河郡鴻門縣：「有天封苑，火井祠，火從地出也。」《水經注》卷《河水》說：「圁水又東，逕鴻門縣，縣故鴻門亭。《地理風俗記》曰：圁陰縣西五十里有鴻門亭、天封苑、火井廟，火從地中出。」鴻門縣在圁陰縣西，則在今神木縣西，這裡正是天然氣分布區。古代還有石油自燃，《博物志》：「酒泉延壽縣南山名火泉，火出如炬。」延壽縣在今甘肅玉門之南，此處從火泉是玉門油田的石油自燃。

一目國在其東，一目中其面而居。一曰有手足。

注：《海內北經》說鬼國一目，一目是鬼方，也即柯爾克孜（吉爾吉斯），唐代稱為黠戛斯，正是在葉尼塞河上游。希羅多德的《歷史》說，草原斯基泰人（塞人）之東，進入山地，有禿頭人阿爾吉派伊人 Alglppaei，希臘詩人阿里斯鐵阿斯 Aristeas 曾遊其東的獨目人之地，有詩集《獨目人》已失傳。獨目人以東是看守黃金的格里芬，直到海濱的希伯爾波利安人 Hyperboreans。除了希伯爾波利安人，其他民族都被獨目人統帥，侵犯鄰邦。看守黃金的格里芬在金山（阿爾泰山 Altai），則獨目人在阿爾泰山的西南。

柔利國在一目東，為人一手一足，反䣛，曲足居上。一云留利之國，人足反折。

注：柔利、留利即柔然，讀音接近，《魏書‧蠕蠕傳》：「蠕蠕，東胡之苗裔也，姓郁久閭氏。始神元之末，掠騎有得一奴，髮始齊眉，忘本姓名，其主字之曰木骨閭。木骨閭者，首禿也。木骨閭與郁久閭聲相近，故後子孫因以為氏。木骨閭既壯……收合逋逃得百餘人，依紇突鄰部。木骨閭死，子車鹿會雄健，始有部眾，自號柔然，而役屬於國。後世祖以其無知，狀類於蟲，故改其號為蠕蠕。」柔然是蟲，才會出現人身彎曲的傳言。

我認為蠕蠕（芮芮）即今烏拉爾語系族群涅涅茨人 Nenets，讀音接近。又名尤拉克人 Yurak 人，讀音接近柔然（柔利）。則其來自南方民族，應該是

〔註40〕王仲犖誤以為汾州西河在今山西陽城縣，見王仲犖：《石油篇》，《蜡華山館叢稿》，北京：中華書局，2007年，第250頁。

北遷的烏拉爾語系族群，所以稱為東胡，上古西遼河流域的族群 Y 染色體是 N，則是烏拉爾語系族群。

郁久閭就是嫗厥律，胡嶠《陷遼記》：「西則突厥、回紇，西北至嫗厥律，其人長大，髡頭，酋長全其髮，盛以紫囊。地苦寒，水出大魚，契丹仰食。又多黑、白、黃貂鼠皮，北方諸國皆仰足。其人最勇，鄰國不敢侵。又其西轄點斯。」前人或誤以為嫗厥律是東北的烏洛侯，〔註41〕其實嫗厥律 u-ku-lu 在突厥、回紇的西北，在點戛斯之東，在葉尼塞河上游。

紇突鄰是突厥語的蟲，土耳其語的蟲是 kurt，即紇突，鄰表示人，即印歐語的 nia。因為突厥人征服烏拉爾語系族群，所以用突厥語的蟲來表示柔然，其實就是柔然。

共工之臣曰相柳氏，九首，以食於九山。相柳之所抵，厥為澤溪。禹殺相柳，其血腥，不可以樹五穀種。禹厥之，三仞三沮，乃以為眾帝之臺。在崑崙之北，柔利之東。相柳者，九首人面，蛇身而青。不敢北射，畏共工之臺。臺在其東。臺四方，隅有一蛇，虎色，首沖南方。

注：共工即虹、蛇，《神異經》：「西北荒有人焉，人面，朱髮，蛇身，人手足，而食五穀禽獸，貪惡愚頑，名曰共工。」蒙古語引申為彎曲 kungur，所以《左傳》昭公二十年：「共工氏有子曰句龍。」句龍就是彎曲的龍，《大荒北經》的相繇（相柳）就是自環。《左傳》昭公十七年：「共工氏以水紀，故為水師而水名。」共工氏是蛇，所以是以水為紀。所以共工之臺的四個角，各有一條蛇。

共工又名康回，《楚辭·天問》：「康回憑怒，地何故東南傾？」王逸注：「康回，共工名也。」康回是雄虺之誤，《天問》：「雄虺九首，倏忽焉在？」倏忽的讀音接近相柳，也是蛇，蛇的馬來語是 cewe，巴瑤語 Bajau 是 soo，源自蛇來往倏忽。相柳 sang-liu 即《大荒北經》相繇 sang-jiu，即《海外南經》舜葬處的視肉，源自《海外北經》、《大荒北經》顓頊葬處的視肉，相就是視，肉和繇音近。視柳、視繇音近蚩尤，相柳即蚩尤。

葉尼塞河源頭的支流小葉尼塞河，元代設益蘭州，《元史》卷六三《西北地附錄》：「益蘭者，蛇之稱也。初，州境山中居人，見一巨蛇，長數十步，從

穴中出飲河水，腥聞數里，因以名州。」益蘭是蛇，蛇的土耳其語是 yilan，烏茲別克語是 ilon，哈薩克語是 jilan，巴什基爾語是 yïlan，楚瓦什語是 šělen，柯爾克孜語是 cilan，讀音接近益蘭。益蘭也即《大荒東經》、《大荒北經》應龍的由來，讀音接近。也即伊朗的由來，伊朗人是印歐人。小葉尼塞河正是在東部，位置符合。

益蘭即一那，《魏書·官氏志》在烏洛蘭氏之北的是一那蔞氏，在安加拉河的西北，位置在今葉尼塞河，一那的讀音也接近葉尼塞 Yenisey。我認為 yeni 即伊犁，前人根據現代哈薩克語解釋為彎曲，[註42] 我認為這就是源自上文列舉的突厥語的蛇：yilan、ilon，讀音接近，漢語的延、迤邐是同源字。sey 可能是水 sui，朝鮮語、突厥語是 su，蒙古語是 usu，因為蒙古語把元音重複放在開頭，現在漢語一些方言的水還讀成 sey。蔞就是流，漢語的流 liu 對應西班牙語的河流 rio，希臘語是 nero，英語是 river。阿拉伯語是 nahr，泰米爾語是 āru，馬來語是 alur，瑞典語是 älv，讀音都接近流 liu / rio，這是一個古老的世界同源字，所以一那蔞就是葉尼塞。

益蘭殺蛇的故事，就是殺相柳的故事，不過益蘭是突厥語，證明是突厥人打敗南方的族群，相柳很可能是北遷的烏拉爾語系族群。所以應龍殺蚩尤和夸父，都是指突厥人打敗烏拉爾語系族群。

突厥人是由印歐人和東方民族混血形成，公元前 1000 多年，在薩彥嶺和阿爾泰山出現了卡拉蘇克文化，其葬俗是在石棺之上堆積石頭，人骨多屬歐羅巴型，少數是蒙古人種。[註43] 新疆青河縣三道海子有石頭堆成的大墓，前面矗立六塊鹿石，周圍還有兩圈圍牆，根據鹿石上的銘刻的器物推測其可能是卡拉蘇克文化晚期，約在公元前 1000 到 800 年前，正是晚商到西周早期。

圖瓦共和國克孜爾西北的烏尤克盆地阿爾贊 Arzhan，有四五十座大墳，最大的長 120 米，高 4 米，用重二三十斤的石塊堆成，約在前 8 到 7 世紀。其北的米努辛斯克盆地有塔加爾 Tagar 文化，前 7 世紀，墓地出現石牆、石柱。前 6 世紀，石牆擴大，石墳堆高。前 4 世紀，墓葬減少但是石墳更

〔註42〕楊凌：《新疆伊犁地區地名中多民族雜居的語言積澱》，《語言與翻譯》2006 年第 4 期。

〔註43〕〔法〕A. H. 丹尼、〔法〕V. M. 馬松主編、芮傳明譯：《中亞文明史》第一卷，第 358 頁。

高，石牆更大。前 2 世紀，石牆內最大面積達 800 平米，石柱最多到二三十個。共工之臺、眾帝之臺就是圖瓦共和國的積石大墓，靠近益蘭（蛇），位置符合。

深目國在其東，為人舉一手一目，在共工臺東。

注：深目可能源自深目高鼻。

無腸之國在深目東，其為人長而無腸。

注：無腸可能是無易之誤，即扶餘、拔野古、布里亞特的由來，源自魚，壯語是 bya，阿爾泰語系的富裕 bayan（巴彥、伯顏）源自魚，漢語的富裕也是同源字，布里亞特的特的蒙古語的複數。《北次三經》碣石山多蒲夷之魚，碣石山靠近東北，我認為蒲夷就是扶餘，就是魚。

聶耳之國在無腸國東，使兩文虎，為人兩手聶其耳。縣居海水中，及水所出入奇物，兩虎在其東。

注：此處的海水是貝加爾湖，漢代人稱為北海。今天貝加爾湖東北部有巴爾古津河，元代有八剌忽部，即 Barut，ut 是蒙古語的複數，bar 即虎。內遷到內蒙古是今陳巴爾虎旗、新巴爾虎旗，音譯兼意譯，所以有兩虎。

夸父與日逐走，入日。渴欲得飲，飲於河渭。河渭不足，北飲大澤。未至，道渴而死。棄其杖，化為鄧林。博父國在聶耳東，其為人大，右手操青蛇，左手操黃蛇。鄧林在其東，二樹木。一曰博父。

注：鄧林即匈奴八月祭祀圍繞的蹛林，也即丁零，讀音接近。現在俄羅斯的阿爾泰共和國還有 Telengit 人，加拿大西海岸到阿拉斯加有 Tlingit 人，顯然都是丁零。我認為 teleng 就是英語 tree、漢語森林的同源字，柯爾克孜語的樹是 tarak，卡爾梅克語是 terek。此處森林在蒙古國北部到貝加爾湖。夸父的上古音 kua-bua 接近葉尼塞語系 Koibal 人，19 世紀轉用突厥語，現在哈卡斯共和國。Kamas 人的語言 Kamassian 接近，在薩彥嶺以北的 Kan 河和 Mana 河流域，1989 年這種語言滅絕，鄰近的 Mator 語在 1980 年代滅絕，這些滅絕的語言一般歸入 Selkup 語，意思是林中人，現在有幾千人，在葉尼塞河和鄂畢河之間。

禹所積石之山在其東，河水所入。

注：後世認為積石山在黃河上游，今有積石山縣。但此處的積石山在河套，應該是祭祀的石堆，類似蒙古人的敖包。

拘纓之國在其東，一手把纓。一曰利纓之國。

注：拘纓即《淮南子・地形》句嬰民，高誘注：「句嬰讀為九嬰，北方之國。」郭璞注：「言其人常以一手持冠纓也。或曰纓宜作癭。」袁珂案：「纓正宜作癭。癭，瘤也，多生於頸，其大者如懸瓠，有礙行動，故須以手拘之。」〔註44〕其實這是望文生義。

今按：拘纓是屈射、居延、胊衍的同源字，《史記・匈奴列傳》：「後北服渾庾、屈射、丁零、鬲昆、薪犁之國。」《索隱》說「射音亦，又音石。」此處應讀為亦，屈為見母物部，屈胊雙聲，亦為鐸部，鐸元旁轉，屈射即胊衍戎。胊衍戎在匈奴的南部，但是屈射則在其北，這是民族遷徙的緣故，胊衍戎可能是南下的一支，《漢書・地理志》北地郡有昫衍縣，治今寧夏鹽池縣的東南部，《史記・匈奴列傳》說春秋時涇水、漆水之北有胊衍戎，《集解》引徐廣曰：「在北地。」指漢代北地郡的昫衍縣。

此地在貝加爾湖東南，《新唐書》卷二一七下：「白霫居鮮卑故地，直京師東北五千里，與同羅、僕骨接。避薛延陀，保奧支水、冷陘山，南契丹，北烏羅渾，東靺鞨，西拔野古，地圓袤二千里，山繚其外……其部有三：曰居延，曰無若沒，曰潢水。其君長臣突厥頡利可汗為俟斤。貞觀中再來朝，後列其地為寘顏州，以別部為居延州。」居延在今烏珠穆沁盆地，或即拘纓。

尋木長千里，在拘纓南，生河上西北。

注：尋木是很高的森林，揚雄《方言》卷一說長：「海岱、大野之間曰尋……自關而西，秦、晉、梁、益之間凡物長謂之尋。」

跂踵國在拘纓東，其為人大，兩足亦大。一曰大踵。

注：跂踵 ke-tiong 即雞秩、訶咥、雞田、溪彈、契丹，《漢書》卷九四上《匈奴傳上》本始二年：「遣御史大夫田廣明為祁連將軍，四萬餘騎，出西河……祁連將軍出塞千六百里，至雞秩山，斬首捕虜十九級，獲牛馬羊百餘。」雞秩 kye-diet 就是可跌 khai-dyet，音近，《新唐書》卷二一七下《回鶻傳下》：「阿跌，亦曰訶咥，或為轄跌。始與拔野古等皆朝，以其地為雞田州。」

〔註44〕袁珂：《山海經校注》，巴蜀書社，1993 年，第 88 頁。

雞田即雞秩，音近。唐代又在薛延陀設溪彈州，溪彈也是同源字。此處更可能是指契丹，在西遼河的上游。

　　歐絲之野在大踵東，一女子跪據樹歐絲。三桑無枝，在歐絲東，其木長百仞，無枝。范林方三百里，在三桑東，洲環其下。務隅之山，帝顓頊葬於陽，九嬪葬於陰。一曰爰有熊、羆、文虎、離朱、鴟久、視肉。平丘在三桑東，爰有遺玉、青鳥、視肉、楊柳、甘柤、甘華，百果所生，有兩山夾上谷，二大丘居中，名曰平丘。嗟丘，爰有遺玉、青馬、視肉、楊柳、甘柤、甘華，百果所生。在東海，兩山夾丘，上有樹木。一曰嗟丘，一曰百果所在，在堯葬東。

　　注：《大荒北經》附禺山在東北部，附禺山即務隅山，本應在《海外東經》的開頭，也即東北部，但是有一半誤入前一篇《海外北經》的末尾。三桑就是《北次二經》洹山的三桑，在今克什克騰旗。《淮南子‧地形》：「崑崙、華丘在其東南方，爰有遺玉，青馬、視肉、楊桃、甘櫨，甘華，百果所生。和丘在其東北陬，三桑無枝在其西。」王念孫說華、差字形不接近，所以華是蘋之誤。我認為確實是從平丘誤為差丘、華丘，三個字的上半部分接近。又從平丘誤為和丘，平、和同義。平丘是指平地上的丘陵，在克什克騰旗的西部平原。西遼河有平地的森林，遼代稱為平地松林或松漠。遺玉是古代的玉器，鴟久是鴟鴞，視肉是相柳（視柳），也即蛇。

　　根據《大荒北經》的封淵、沉淵可知是今達來淖爾，湖的北部有一個奇特的砧子山，頂部平坦，類似砧板，很可能就是平丘。金代的界壕經過砧子山，可見此處是重要界線。〔註45〕

　　古人認為顓頊之墟在遼西，《晉書》卷一百八：「太康十年，（慕容）廆又遷於徒河之青山。廆以大棘城即帝顓頊之墟也，元康四年乃移居之。」大棘城的位置有今義縣和北票兩種觀點，兩地靠近。《晉書》卷一百三：「且臣聞堯葬谷林，市不改市。顓頊葬廣陽，下不及泉。」此處的廣陽，古人或以為在今河南浚縣的廣陽，《水經注》卷九引《帝王世紀》：「顓頊葬東郡頓丘城南，廣陽里大冢是也。」現在看來，廣陽可能是燕國的廣陽郡。顓頊的葬地下不及泉，很可能在石堆之中，符合紅山文化的石堆冢。

〔註45〕劉朝飛《志怪於常》第 94 頁認為平丘可能是從恒丘轉來，漢代避劉恒之諱，改恒為常，平、常相通，可備一解。

北海內有獸，其狀如馬，名曰騊駼。有獸焉，其名曰駮，狀如白馬，鋸牙，食虎豹。有素獸焉，狀如馬，名曰蛩蛩。有青獸焉，狀如虎，名曰羅羅。

注：騊駼即古突厥語的馬 yont，現代突厥語是 at 或 ot，騊讀為匋，駼讀為塗。駮即野馬，因為身上有斑駮的花紋而得名。蛩蛩馬，應是吉黃，讀音接近。青黑的羅羅，應該是黑熊，《大荒北經》稱黑熊為獵獵，音近。

第四節　《海外東經》

大人國在其北，為人大，坐而削船。一曰在瑳丘北。

注：《海內北經》：「大人之市在海中。」《海外東經》大人國「為人大，坐而削舡。」《楚辭·招魂》：「東方不可託些，長人千仞，惟魂是索些。」《三國志》卷三十弁辰人形皆長大，削舡指操船，《越絕書·記吳地傳》：「婁東十里坑者，古名長人坑，從海上來，去縣十里。」婁縣故城在今江蘇崑山東北，[註46] 長人從海上來，應即東北亞民族。《海內東經》海中有大人之市，《三國志》云州胡國（在今韓國濟州島）人乘船往來於韓國貿易。唐代人從山東到福建，遭風飄到大人國，在今韓國或日本。《海外東經》大人國在奢比（今綏芬河流域）之北，應在日本海的西北海岸，《三國志》卷三十記載北沃沮人害怕挹婁人夏季乘船劫掠，所以此處的大人國可能是挹婁人。

奢比之尸在其北，獸身、人面、大耳，珥兩青蛇。一曰肝榆之尸在大人北。

注：奢比即鮮卑，原義是草，《通鑒》卷八一，胡注：「鮮卑呼草為俟分，遂號為俟分氏。」現在柯爾克孜語的草是 siber，維吾爾語是 chöp，哈薩克語是 şöp，土耳其語是 çimen。奢比之尸即奢比之夷，即鮮卑。鮮卑是草，肝榆也是草，日語的草是 kusa，印地語是 ghas，德語是 gras，漢語是姑蘇 kasa（姑胥 kaso），肝榆讀作 kan-jio，接近 kaso，榆讀作輸。現在閩南語的愈讀作 lu，客家話和山西高平話的輸讀 lu。《晉書》卷一百七的羯族石勒的司虞張曷柱，曷柱就是草，司虞是管理鳥獸的官員。

江蘇贛榆縣在上古屬莒國，《左傳》昭公十四年提到莒國君之弟名庚輿，

〔註46〕〔清〕姚承緒：《吳趨訪古錄》，江蘇古籍出版社，1999 年，第 79 頁。

就是贛榆。《封氏聞見記》卷八《二朱山》：「大朱東南海中有句遊島，去岸三十里，俗云句踐曾遊此島，故以名焉。《述初賦》又云：朝發兮樓臺，回盼於句榆，朝食兮島山，暮宿兮郁州。郁州，今海州東海縣，在海中。《晉書》石勒使季龍討青州刺史曹嶷，嶷欲死保根余山，然則句榆、根余當是一山，亦聲之訛變耳。」根余也即贛榆，在今贛榆縣東北。

此處的奢比在綏芬河流域，遼代設率賓府，金代設速頻路（恤品路），都是源自奢比。《逸周書・王會》東北方的解隃，就是肝榆，音近。

君子國在其北，衣冠帶劍，食獸，使二大虎在旁，其人好讓不爭。有薰華草，朝生夕死。一曰在肝榆之尸北。

注：《三國志・烏丸鮮卑傳》弁辰：「行者相逢，皆住讓路」，《後漢書・東夷傳》云辰韓「行者讓路」，都在今韓國東南部。《三國志》云濊人祭虎以為神，上文聶耳人旁邊也有兩大虎。薰華草是今韓國的國花木槿。陸機《詩疏》：「顏如舜華。舜，一名木槿⋯⋯今朝生暮落者是也。五月始華，故《月令》：仲夏木槿榮。」木槿又名為舜，此花開的時候正是夏季開始時，也是白晝最長時，此花只有白天開，所以此花似乎和向日葵一樣，只和太陽發生呼應。舜的上古音是 ɕiuən 而滿語的太陽是 shun，讀音很接近舜，而朝鮮族和東北的通古斯族當然有密切關係的，所以此花被古人稱為太陽花。木槿的名字源自阿爾泰語系的太陽，上古音的槿是 giən，突厥語的太陽是 gunes，所以木槿的名字源自突厥語的太陽，gunes 的讀音也接近君子，可見君子的讀音源自太陽。

虹虹在其北，各有兩首。一曰在君子國北。

注：虹虹即彩虹，彩虹在雨後出現，被古人看成是吸水的龍，所以偏旁寫成蟲，傳說左右有兩個頭在下面吸水。蒙古語的 solongo 有彩虹和黃鼬兩個意思，彩虹和黃鼬都是細長形狀，所以此處的彩虹其實是黃鼬的誤解，是指貉族。貉即貊，是 Y 染色體 C 型的民族。現在蒙古人仍然稱朝鮮人為 solongos。滿語的索倫指鄂倫春、鄂溫克和達斡爾等族，是同源字和同源族群。下文第二條青丘國的狐四足九尾，即貉。

朝陽之谷，神曰天吳，是為水伯。在虹虹北兩水間。其為獸也，八首人面，八足八尾，皆青黃。

注：《大荒東經》：「有神人，八首人面，虎身十尾，名曰天吳。」天吳是虎，其實天吳就是苗語的虎 tsov，也即檮杌，楚國的史書就叫《檮杌》，《孟子·離婁》：「晉之《乘》、魯之《春秋》、楚之《檮杌》，其實一也。」楚人出自苗族，《楚居》說楚國的先王偷了鄀國禮器，白天不敢用，證明楚人是苗族而非華夏。〔註47〕苗族崇拜虎，檮杌是虎，《神異經》：「西方荒中有獸焉，其狀如虎而犬毛，長二尺，人面虎足，豬口牙，尾長一丈八尺。擾亂荒中，名檮杌。」湘西高廟文化 6000 多年前的陶器上經常出現虎口和獠牙的圖案。接近的巴人崇拜老虎，用活人祭虎。檮杌可能都是源自大，漢語的大蟲就是老虎，因為虎是東亞最大的猛獸。因為高棉語的 tʰom 就是大，顯然是 tsov 的同源字。高棉語所屬的南亞語系民族和苗瑤民族是同源民族，Y 染色體都是 O2。所以《新唐書》卷二二二下《扶南傳》扶南的國都是特牧城，或即大城。所以《檮杌》的原義，或許不是虎書，而是大書，類似《尚書》。

朝陽之谷，在今韓國。末次冰期時，黃海海平面下降，所以苗族從長江口向東，到了韓國、日本。分子人類學檢測發現，現代日本人中竟有近三分之一的 Y 染色體也即父系成分是 O2b，這種成分在韓國人中也有近三分之一，這種成分最接近苗族的主要父系來源 O2a。《古事記》日本人祖先伊邪那岐與伊邪那美，兄妹成婚，類似苗族的兄妹成婚傳說。印度門達語族民族 Bhils 也有這種傳說，俄國學者李福清（Riftin）認為南亞語系與南島語系民族同源，門達語族屬南亞語系，所以印度的 Bhils 人有兄妹成婚傳說不是偶然。〔註48〕分子人類學證明，南亞語系民族和苗瑤民族同源。《古事記》說天照大神被速須佐之男攻擊，躲藏不出，上天黑暗，眾神設計，召來長鳴鳥，也即公雞，叫出天照大神，天空又有光明。岡正雄指出，苗族、布朗族、印度阿薩姆的卡西族、納伽族也有類似傳說，〔註49〕布朗族、卡西族、納伽族正是南亞語系民族，阿薩姆的卡西族介於印度中部的比爾族與東南亞各族之間，南亞語系正是經過印度東部，東遷到中南半島。

宗懍所撰《荊楚歲時記》說，楚人要正月初一飲桃湯，造桃木為門。《左傳》魯昭公十二年，楚王說：「昔我先王熊繹，闢在荊山，篳路藍縷，以處草

〔註47〕周運中：《〈楚居〉東周之前地理考》，羅運環主編：《楚簡楚文化與先秦歷史文化國際學術研討會論文集》，湖北教育出版社，2013 年，第 223 頁。

〔註48〕〔俄〕李福清（B. L. Riftin）著、李明濱編選：《古典小說與傳說》，北京：中華書局，2003 年，第 189 頁。

〔註49〕〔日〕吉田敦彥著、唐卉、況銘譯：《日本神話的考古學》，第 63、192 頁。

莽。跂涉山林，以事天子。唯是桃弧、棘矢，以共御王事。」日本也有桃辟邪的傳說，發展為桃太郎的故事。

楚王姓熊，《山海經‧中次九經》熊山：「有穴焉，熊之穴，恒出入神人。」熊山在今湖北的西北部，《史記‧楚世家》：「季連生附沮，附沮生穴熊。」清華大學藏戰國楚國竹書《楚居》說季連「抵於穴窮」，穴窮即熊穴。楚簡熊字寫作酓，讀音從今的上古音 kim，接近日語、韓語，韓語的熊是 gom。楚王的羋姓源自泰語的熊 mii，這是南方越人對楚人的稱呼。《日本書紀》卷一引別本第十一說天熊人獻五穀和蠶繭給天照大神，天熊人指九州島熊本縣的土著熊族（くま＝Kuma）。韓國傳說女祖先是熊，正是因為祖先是苗族。

青丘國在其北，其狐四足九尾。一曰在朝陽北。帝命豎亥步，自東極至於西極，五億十選九千八百步。豎亥右手把算，左手指青丘北。一曰禹令豎亥。一曰五億十萬九千八百步。

注：《海外東經》、《大荒東經》、《南山經》都提到青丘有九尾狐，有人說九尾狐是九節狼（小熊貓），但小熊貓在西南才有。其實九尾狐是貉（犬獾），貉似狐，體胖尾短，尾毛蓬鬆，九尾指尾巴很大。貉是古代東北亞的民族，貉的讀音是各，上古音的各是各 kak 和洛 lak 的合音 klak，讀音接近阿爾泰語系的黑色 kara，源自貉毛是黑色。青就是青黑色，所以青丘之名或許源自 kara。韓國東南部的加羅國又名伽倻國，讀音是 kala 或 kaya，青丘在今韓國東南部。洛東江在加洛國（加羅國）之東得名，慶尚南道的西北有伽倻山。因為在韓國的東南角，所以被看成是大地的東極。

齊國有海路通往海外的青丘，《史記‧司馬相如傳》司馬相如《子虛賦》：「且齊東陼巨海，南有琅邪，觀乎成山，射乎之罘，浮勃澥，遊孟諸，邪與肅慎為鄰，右以湯谷為界，秋田乎青丘，傍偟乎海外，吞若雲夢者八九，其於胸中曾不蒂芥。」青丘在齊國的東南，在今韓國的東南部，《集解》引郭璞曰：「青丘，山名。亦有田，出九尾狐，在海外矣。」《正義》引服虔云：「青丘國在海東三百里。」三百里在今韓國。

黑齒國在其北，為人黑，食稻啖蛇，一赤一青，在其旁。一曰：在豎亥北，為人黑首，食稻使蛇，其一蛇赤。

注：《海外東經》黑齒國「為人黑，食稻啖蛇，一赤一青，在其旁」。黑齒的習俗泛見於東南、西南各民族，《楚辭‧招魂》：「南方不可以止些，雕題黑

齒」，雕題即文面。《戰國策·趙策二》：「黑齒雕題，鯷冠秫縫，大吳之國也。」《呂氏春秋·求人》：「（禹東至）黑齒之國」。《嶺外代答》卷六食檳榔：「自福建，下四川與廣東、西路皆食檳榔者……有嘲廣人曰：路上行人口似羊。言以蔞葉雜嚼，終日飼也，曲盡啖檳榔之狀矣。每逢行人則黑齒朱唇，數人聚會，則朱殷遍地。」樊綽《蠻書》卷四：「黑齒蠻，以漆漆其齒。」在今雲南的西南部。爪哇女子磨去上犬齒的表面，用燒焦椰子殼所得的油狀碳染黑。〔註50〕臺灣、日本也有此俗，北傳韓國，唐朝大將黑齒常之為百濟人。韓國南部風俗受日本影響，《三國志》卷三十說韓國南部近倭，頗有文身者。又：「女王國東渡海千餘里，復有國，皆倭種。又有侏儒國在其南，人長三四尺，去女王四千餘里。又有裸國、黑齒國復在其東南，船行一年可至。參問倭地，絕在海中洲島之上，或絕或連，周旋可五千餘里。」女王國是九州島的邪馬臺國，南面的侏儒國在琉球群島，裸國、黑齒國又在東南，似乎在琉球群島或臺灣島。

　　下有湯谷。湯谷上有扶桑，十日所浴，在黑齒北。居水中，有大木，九日居下枝，一日居上枝。

　　注：《堯典》：「分命羲仲，宅嵎夷，曰暘谷，寅賓出日。」《史記·五帝本紀》嵎夷改為郁夷。郁通倭，《小雅·四牡》：「四牡騑騑，周道倭遲。」齊詩作郁夷，嵎夷、郁夷可能是倭人。《堯典》暘谷即湯谷，《大荒東經》：「上有扶木，柱三百里。其葉如芥。有谷名溫源谷，湯谷上有扶木，一日方至，一日方出，皆載於烏。」溫源就是溫泉，湯即熱水。日本溫泉最多。

　　前秦王嘉《拾遺記》員嶠山：「南有移池國，人長三尺，壽萬歲，以茅為衣服，皆長裾大袖，因風以升煙霞，若鳥用羽毛也……北有浣腸之國，甜水繞之，味甜如蜜，而水強流迅急，千鈞投之，久久乃沒，其國人常行於水上。」員嶠山南面移池國人個子矮，編茅草為衣服，正是《禹貢》揚州島夷卉服，也即太平洋島民的草衣，移池國在今沖繩島。沖繩人稱沖繩島稱為地下 ziti，音近移池，閩南語的池讀 ti。其北面的激流，正是屋久島和大陸之間的黑潮，所謂投物不沉，也是對急流的誇張。甜水可能是甘水之誤，或許源自泔水，即

〔註50〕　〔英〕克萊兒·考克·斯塔基著、吳煒聲譯：《那些異國玩意兒：大航海時代探索世界的第一手記事》，遠足文化事業股份有限公司，2016 年，第 249～250 頁。

污水、黑水，即黑潮。〔註51〕

屋久島有很多高大的杉樹，樹齡超過千年，還有日本最北部的榕樹。周策縱認為扶桑是榕樹，《太平御覽》卷九五五《木部四》引託名東方朔《神異經》：「東方有樹焉，高八十尺，敷張自輔，葉長一丈，廣六七尺，曰扶桑。有椹焉，長三尺五寸。」《文選》卷十五張平子《思玄賦》：「憑歸雲而遐逝兮，夕余宿乎扶桑。」注引《海內十洲記》：「扶桑葉似桑樹。又如椹樹，長丈，大二千圍，兩兩同根生，更相依倚，是以名之扶桑。」榕樹是桑科，旁出氣根，下垂入土成柱，所以說自輔、兩兩同根生，更相依倚。〔註52〕

唐代劉恂《嶺表錄異》：「朱槿花，莖葉皆如桑樹，葉光而厚，南人謂之佛桑……其花深紅色，五出，大如蜀葵，有蕊一條，長於花葉，上綴金屑，日光所粲，疑有焰生。一叢之上，日開數百朵……暮落朝開。」明代李時珍《本草綱目》：「扶桑生南方，乃木槿別種。」扶桑花與日同出同沒，又璀璨奪目，所以被人和扶桑聯繫在一起，不過這是很晚的附會，不是扶桑的原型。

雨師妾在其北，其為人黑，兩手各操一蛇，左耳有青蛇，右耳有赤蛇。一曰在十日北，為人黑身人面，各操一龜。

注：操蛇、操龜都是表示溝通冥界、陰間，也是雨師求雨的儀式。此處或是因為東方民族崇拜蛇，畫出操蛇的樣子，被中原人誤以為是求雨。《三國志》卷三十倭人：「男子無大小皆黥面文身。自古以來，其使詣中國，皆自稱大夫。夏后少康之子封於會稽，斷髮文身以避蛟龍之害。今倭水人好沉沒捕魚蛤，文身亦以厭大魚水禽，後稍以為飾。」中國東南多有操蛇、珥蛇的風俗，隨州擂鼓墩一號墓出土的五弦琴背部左側的圖像，人的兩耳都有蛇。淮陰高莊戰國楚墓出土的銅器上有一些操蛇、珥蛇的神像。〔註53〕

長沙出土戰國楚帛書的孟冬荼月的神像是一個有角的人，嘴裏有蛇，我認為這個神像其實就是太一，1960 年湖北荊門市漳河車橋戰國墓出土的戈上有四個字，學者釋為兵避太歲，或大武避兵，並指出太歲即太一。〔註54〕太

〔註51〕周運中：《道士開闢海上絲綢之路》，花木蘭文化事業有限公司，2020 年，第52～57 頁。

〔註52〕周策縱：《扶桑為榕樹考》，《學術集林》第 11 卷，上海遠東出版社，1997 年。

〔註53〕王立仕：《淮陰高莊戰國墓銅器刻紋和〈山海圖〉》，王厚宇：《淮陰高莊墓刻紋銅器上的神人怪獸圖像》，王崇順、王厚宇：《淮陰高莊戰國墓銅器圖像考釋》，淮安市博物館編著：《淮陰高莊戰國墓》，文物出版社，2009 年。

〔註54〕俞偉超、李家浩：《論兵避太歲戈》，《出土文獻研究》，文物出版社，1985 年，

歲的形象是頭上有角或羽冠，左手持蜥蜴，右手持雙頭魚，耳上穿蛇，腳下有日月，胯下還有蜥蜴。這令人想起良渚文化玉器上的圖像，巫師也是頭戴羽冠，身下有蜥蜴，我已指出這種動物眼睛很大，爪子很小，就是蜥蜴。龍的原型是現在中國南方還有的長鬣蜥。

西晉張華《博物志》卷九：「箕子居朝鮮，其後伐燕，復之朝鮮，亡入海為鮮國。師兩妻墨色，珥兩青蛇，蓋勾芒也。」師兩妻是師兩妾之誤，源自雨師妾，所以靠近朝鮮。雨師妾也可能是漢語的音譯，不是源自求雨的巫師。

擂鼓墩雷 1 號墓五弦琴背左半部圖案、荊門楚墓戈圖案

玄股之國在其北，其為人衣魚食䳒，使兩鳥夾之。一曰在雨師妾北。

注：玄股即圓股，因為長期在水中捕魚而下肢彎曲，福建人稱水上居民疍戶為曲蹄，赫哲族即用魚皮為衣，應在今日本列島。

毛民之國在其北，為人身生毛。一曰在玄股北。

注：郭璞注：「今去臨海郡東南二千里，有毛民在大海洲島上，為人短小

第 138～145 頁。李零：《湖北荊門兵避太歲戈》，《文物天地》1992 年第 3 期。
李學勤：《古越閣所藏青銅兵器選粹》，《文物》1993 年第 4 期。

而體盡有毛，如豬。能穴居，無衣服。晉永嘉四年，吳郡司鹽都尉戴逢，在海邊得一船，上有男女四人，狀皆如此。言語不通，送詣丞相府，未至道死，唯一人在。上賜之婦，生子出入市井，漸曉人語，自說其在是毛民也。」毛民是日本列島的土著阿伊努人種，體毛髮達，現在多被日本人同化，殘部被排擠到北海道。毛人不一定在臨海郡（治今浙江台州）的東南，很可能就在日本四島。因為孫吳時從臨海郡出發去夷洲（今臺灣島），所以有此誤解。司鹽都尉所治的南沙在今江蘇張家港，則毛民應在今日本列島。

唐代稱為長鬚國，《太平廣記》卷四六九：「大足初，有士人隨新羅使，風吹至一處，人皆長鬚，語與唐言通，號長鬚國。人物茂盛，棟宇衣冠，稍異中國。地曰扶桑洲，其署官品有正長、戢波、目役、島邏等號。士人歷謁數處，其國皆敬之……言長鬚國在東海第三汊第七島。」長鬚國在東海的第三分叉第七個島，應在今日本的北部。上古阿依努人分布地偏南，但是也不太可能太南，最多到本州島的西部。

勞民國在其北，其為人黑。或曰教民。一曰在毛民北，為人面目手足盡黑。

注：勞民又名教民，其實是教老民，即仡佬、葛獠，是越人的通稱，後世簡稱為僚。源自複輔音字 klu，考、老就是從上古複輔音字分化出的兩個字，《說文》：「考，老也。」又：「老，考也。」

仡佬源自黑色，而且是一個古老的世界同源字，請看下列語言的黑色：

1. 閃含語系：摩洛哥阿拉伯語 khāl。
2. 印歐語系：孟加拉語 kalo，印地語 kālā 或 kārau，阿塞拜疆語 qara。
3. 阿爾泰語系：哈薩克語 kara，日語 kuroi。

窟窿、谷的讀音也接近，也是同源字，窟窿是黑色，所以仡佬的族名也可能源自其居地在河谷。蒙古語的河是 gol，卡爾梅克語是 hol，湖的楚瓦什語是 külě，多爾甘（Dolgan）語是 küöl，哈薩克語、柯爾克孜語、維吾爾語、土庫曼語是 köl，也是同源字。從侗臺語系分出的南島語系民族是海上民族疍民的來源，疍民又稱高涼，《太平寰宇記》卷一六七欽州（今廣西欽州）：「又別有夷人，名高梁人，不種田，入海捕魚為業。婚嫁不避同姓，用臘月為歲。」高梁應讀成 ko-lio，就是教勞（仡佬）。福州人稱疍民為 kule，《日本書紀》卷十稱最早來到日本的吳人，讀音是くれ，現在一般轉寫成 kure，但是

日語沒有翹舌音 r，實際讀音是 kule，顯然不是漢語上古音的吳疑母魚部 nga。我認為吳人的讀音源自疍民，吳人其實是吳越的疍民，詳見我已出版的《百越新史》第四章第一節。

第七章 《海內經》注釋

今本《海內經》的錯簡太多，《海內南經》末尾的窫窳、氐人、巴蛇、旄馬、匈奴、開題、列人，顯然應在《海內西經》。而《海內西經》的大澤、雁門、高柳、東胡、夷人，銜接有序，顯然應在《海內北經》。而《海內北經》末尾的九條，顯然應在《海內東經》。《海內西經》的貊國、孟鳥，很可能也在《海內東經》。而《海內東經》的流沙、崑崙等條應在《海內西經》。《海內東經》末尾的《水經》原來是一篇獨立的文獻，本書第十章有專門考證。本章按照調整後的條目考證，不能再沿襲前人的錯誤條目。即使下文的調整未必是《海內經》的原貌，也減少了很多錯誤。

第一節 《海內南經》

甌居海中。閩在海中，其西北有山。一曰閩中山在海中。三天子鄣山在閩西海北。一曰在海中。

注：甌（今溫州）、閩（今福州），早期通過海路和長江流域聯繫，〔註1〕所以說在海中。《海內東經》所附《水經》第 2 條：「浙江出三天子都，在其東，在閩西北。入海、余暨南。」浙江為今錢塘江，上源為新安江，三天子都山為新安江源頭，在今黃山市，其實距離甌、閩很遠，但上古時代中原人不熟悉東南內陸山地，所以有此錯誤。漢代在東甌故地設回浦縣（治今台州章

〔註 1〕周振鶴：《從歷史地理角度看古代航海活動》，《周振鶴自選集》，廣西師範大學出版社，1999 年。

安鎮），在福建僅設一個冶縣（治今福州），會稽郡東部都尉原在冶縣，後北遷回浦。珠江口以東，僅有一個揭陽縣，漢代在從甬江口到珠江口僅有這三個縣，通過海路聯結。《後漢書》卷三三《鄭弘傳》：「舊交趾七郡貢獻轉運，皆從東冶泛海而至，風波艱阻，沉溺相繫。弘奏開零陵、桂陽嶠道，於是夷通，至今遂為常路。」直到東漢，中原與交趾的道路才由海路改為陸路。《三國志》卷三八《許靖傳》說許靖從會稽郡出發：「便與袁沛、鄧子孝等浮涉滄海，南至交州。經歷東甌、閩、越之國，行經萬里，不見漢地，漂薄風波，絕糧茹草，饑殍薦臻，死者大半，既濟南海。」許靖經過的地方，只有回浦、冶、揭陽三縣，多是越人，所以不見漢地。

直到隋代，浙西南、閩西北的山區和浙閩沿海仍然很難交通，開皇十一年（591 年），從蔣山（今南京鍾山）到交趾（今越南），掀起反隋浪潮，楊素一支隋軍從海路征討，而史萬歲一支在內陸，互不相通，《隋書》卷五三《史萬歲傳》：「及高智慧等作亂江南，以行軍總管從楊素擊之。萬歲率眾二千，自東陽別道而進，逾嶺越海，攻陷溪洞不可勝數。前後七百餘戰，轉鬥千餘里，寂無聲問者十旬，遠近皆以萬歲為沒。萬歲以水陸阻絕，信使不通，乃置書竹筒中，浮之於水。汲者得之，以言於素。」隋軍東南內陸多是未開闢的山林，都是越人居地，史萬歲在內陸和沿海不通音訊三個月，所以很多人以為史萬歲全軍覆沒。史萬歲把信放在竹筒裏，順著閩江漂到海口，楊素才知其沒有陷沒。

桂林八樹在番隅東。

注：此篇開頭說是從東南到西南，內容也是從東南到西南。但是每一句說某地在某地東，說明順序顛倒，所以桂林應在番禺之西，桂林在今廣西。秦設桂林縣、桂林郡。番禺在今廣州市中心，秦設番禺縣，是南海郡治。

伯慮國、離耳國、雕題國、北朐國，皆在鬱水南。鬱水出湘陵南山。一曰相慮。

注：伯慮即今廣東博羅，其實是在鬱水（珠江）之北。因為本篇地圖南北顛倒，所以東西顛倒。《呂氏春秋》卷二十《恃君》列舉四方無君之國，說：「揚、漢之南，百越之際，敝凱諸、夫風、餘靡之地，縛婁、陽禺、驩兜之國，多無君。」縛婁即博羅，秦漢博羅縣包括東江流域，博的上古音是幫母鐸部 bak，是越語的口門。羅的上古音是來母歌部 lai，是越語的山。博羅的原

義是山口，博羅正是在珠江三角洲進入東江流域的山口。《太平寰宇記》卷一六九儋州風俗：「俗呼山嶺為黎，人居其間，號曰生黎。」粵語的黎 lai 正是山，黎族因為住在山地而得名。六朝時漢人稱廣東的原住民為俚人，讀音也是 lai，也是因為他們住在山中。俚人侗水族群，不是黎族。

湘陵是湘江和灕江的分水嶺，古人最初不知珠江源頭，以為灕江是珠江主流，所以說鬱水出湘陵南山。北京故宮藏有一方楚國官璽：湘陵莫敖，〔註2〕莫敖是楚國軍官，《左傳》桓公十二年、十三年，楚國莫敖屈瑕伐絞、伐羅，隨州曾侯乙墓簡文記載楚國有大莫敖。

離耳即穿耳，雕題是在頭上雕刻，即紋面，黎族有這兩種風俗。漢代在海南島設儋耳郡，很多熱帶民族都有這種習俗。

北朐，即盤古，讀音接近。盤古源自苗瑤民族祖先盤瓠，苗瑤民族分布在南嶺。任昉《述異記》卷上：「今南海有盤古氏墓，亙三百里，俗云後人追葬盤古之魂也。桂林有盤古氏廟，今人祝祀。南海中盤古國，今人皆以盤古為姓。」唐代梁載言《十道志》說虔州盤古山，在今江西於都縣南盤古山。

梟陽國在北朐之西，其為人人面長唇，黑身有毛，反踵，見人笑亦笑，左手操管。

注：梟陽源自馬來語的猩猩 orang utan，orang 是人。

兕在舜葬東，湘水南，其狀如牛，蒼黑，一角。

注：圖上畫的是野水牛的側視圖，僅有一角，不是真的僅有一角。上古南方到處是野水牛，中原人不知，按照圖上的位置來寫。

蒼梧之山，帝舜葬於陽，帝丹朱葬於陰。

注：即今湖南最南部的九嶷山。

氾林方三百里，在狌狌東。狌狌知人名，其為獸如豕而人面，在舜葬西。狌狌西北有犀牛，其狀如牛而黑。

注：上古南方到處是犀牛、猩猩，中原人不知，看到本篇圖畫上的猩猩、犀牛位置，看圖說話。雲南晉寧石寨山 71 號墓出土的劍柄上有猩猩，被

〔註2〕羅福頤主編：《古璽彙編》，文物出版社，1981年，第28頁。

前人誤以為是人，也有人誤以為猴，〔註3〕我認為不是猴，猴的乳房不會如此碩大，吻部也很像大猩猩。

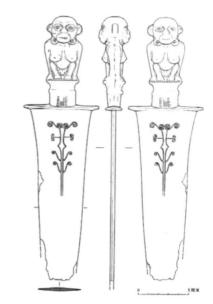

石寨山出土猩猩柄劍（引自《滇國青銅藝術》）和線描圖

夏后啟之臣曰孟塗，是司神於巴，人請訟於孟塗之所，其衣有血者乃執之，是請生。居山上，在丹山西。丹山在丹陽南，丹陽，巴屬也。

注：《太平寰宇記》卷一四九忠州南賓縣：「望途溪，在縣北二百步，西流至豐都縣，南注蜀江。」望途、豐都都是源自孟塗，發源於今石柱縣，在豐都注入長江。丹山在今黔江縣，《華陽國志‧巴志》涪陵郡丹興縣：「山出名丹。」今涪陵、彭水、酉陽、秀山縣有朱砂地名。

第二節　《海內西經》

貳窳龍首，居弱水中，在狌狌知人名之西，其狀如龍首，食人……貳負之臣曰危，危與貳負殺貳窳。帝乃梏之疏屬之山，桎其右足，反縛兩手與髮，繫之山上木，在開題西北。

〔註3〕張增淇：《滇國青銅藝術》，雲南美術出版社，2000年，第103頁。

注：疏屬是圖瓦語的北方 songu cük，則此詞源是寒冷，波斯語是 sard，圖瓦語是 sook，土耳其語是 soguk，維吾爾語是 soghuq，粟特 sogdiana 由此而來。上文已經解釋，刑天可能源自高寒，疏屬也是寒冷，貳負就是刑天，所以這是同源的印歐人神話。殺死窫窳則被神懲罰，關到寒冷的北方，這是印歐人的禁忌神話，教人尊重水神。刑天（羅睺）殺的是月神，貳負殺的窫窳是水神，下文提到用不死之藥救窫窳，在印度神話中不死之藥 Soma 也是酒神、月神。

弱水是今清水河，窫窳是印歐人的水神 aruna，《淮南子・地形》：「樂民、挐閭在崑崙弱水之洲，三危在樂民西。」我認為挐閭應是閭挐的倒誤，即 aruna。證明《山海經》早期因為翻譯不同，有多個版本。中山國都盧奴 la-na 源自 aruna，建立中山國的鮮虞 sian-nga 即塞 Saka。《逸周書・史記》林氏打敗上衡氏，上衡 sang-hang 即鮮虞，也即桑乾河的由來。

貳負的讀音接近羅睺 Rahu，源自狼。狼的法語是 laup，拉丁語是 lupus，羅馬 Rome 就是源自狼。讀音也接近林的上古音 lam，林人、林胡、林氏源自狼，是印歐人。漢代北地郡廉縣在今銀川，廉 liam 源自林胡。《史記・趙世家》：「西有林胡、樓煩、秦、韓之邊。」樓煩 lovan、洛畔 lak-ban 是同源字，西漢北地郡洛畔縣在今甘肅合水縣。

危應是三危，三危 sam-ngai，即鮮虞。青海的析支源自塞 Saka，三街谷在今天祝縣，三街 sam-ke 即三危。樂民是樂氏，即落都，在今青海樂都，源自吐火羅人的神 nakte。

有木，其狀如牛，引之有皮，若纓、黃蛇。其葉如羅，其實如欒，其木若菡，其名曰建木。在窫窳西弱水上。

注：其狀如干，干字誤為牛。建木可能是棕櫚樹，樹皮如蛇。棕櫚樹缺少樹枝，故名干木，建的上古音是群母元部 gan。在埃及和西亞上古文化之中，生命樹時常是棕櫚樹，所以此處的建木是塞人的宗教神話。最末的《海內經》也把建木、窫窳並列，又說果實如麻，融合塞人傳說的神藥豪麻 Homa 因素。屈原《天問》：「靡蓱九衢，枲華安居？」我認為靡蓱是汧靡 khei-ma，就是豪麻 Homa，讀音極近，枲就是麻。

氐人國在建木西，其為人，人面而魚身，無足。

注：氐人主要在漢代的武都郡，在嘉陵江和漢水上游，在今甘肅省南部

和陝西省西南部。魚神崇拜源自西南,詳見我的《百越新史》第二章。

后稷之葬,山水環之。在氐國西。

注:后稷在武都郡的西北,或許不是正西

流黃酆氏之國,中方三百里。有塗四方,中有山。在后稷葬西。

注:硫磺礦是今甘肅省徽縣的馬家山汞礦,正是在氐人之地。

巴蛇食象,三歲而出其骨,君子服之,無心腹之疾。其為蛇青黃赤黑。一曰黑蛇青首,在犀牛西。

注:巴蛇即蟒蛇,在今西南。三星堆遺址出土有青銅蟒蛇,就是巴蛇。

三星堆遺址出土的青銅蟒蛇

旄馬,其狀如馬,四節有毛。在巴蛇西北,高山南。

注:旄馬在巴蛇西北,應在川西高原,《水經注·沔水》:「(中廬縣,今襄樊西南)故城南有水出西山,山有石穴出馬,謂之馬穴山。漢時有數百匹馬出其中,馬形小,似巴、滇馬。」《水經注·溫水》有天池神馬的傳說,馬湖縣因為產馬的湖得名,《水經注·若水》若水(今金沙江)經會無縣:「縣有駿馬河,水出縣東高山,山有天馬陘,厥跡存焉。馬日行千里,民家馬牧之山下,或產駿駒,言是天馬子。」

匈奴、開題之國、列人之國並在西北。

注:開題即開頭山(六盤山),即刑天,刑即開,題即天。列人即上文樂民,讀音接近。趙國另有列人縣在今河北肥鄉縣,是東遷的吐火羅人。趙襄子娶妻空同氏,空同即開頭,則趙國確實聯絡到隴山民族。

流沙出鍾山,西行又南行崑崙之虛,西南入海黑水之山。海內崑崙之虛,在西北,帝之下都。崑崙之虛,方八百里,高萬仞。上有木禾,

長五尋，大五圍。面有九井，以玉為檻。面有九門，門有開明獸守之，百神之所在。在八隅之岩，赤水之際，非仁羿莫能上岡之岩。赤水出東南隅，以行其東北。河水出東北隅，以行其北，西南又入渤海，又出海外，即西而北，入禹所導積石山。洋水、黑水出西北隅，以東，東行，又東北，南入海，羽民南。弱水、青水出西南隅，以東，又北，又西南，過畢方鳥東。崑崙南淵深三百仞。開明獸身大類虎而九首，皆人面，東向立崑崙上。

　　注：山水見《西次三經》解釋。開明獸是雪豹，烏茲別克語是 qoplon，柯爾克孜語是 kabilan，讀音接近開明。也即基督教《聖經》伊甸園東部的基路伯，見下文《海內北經》。《穆天子傳》：「爰有野麥，爰有荅菫，西膜之所謂木禾。」木禾是麥，葡萄牙語的麥 trigo 對應荅菫，維吾爾語的麥 bughday 對應木禾。但是麥子不可能長五尋，大五圍，高大的木禾是塞人神話的生命樹 Hom，應是禾木之誤。

　　開明西有鳳皇、鸞鳥，皆戴蛇踐蛇，膺有赤蛇。開明北有視肉、珠樹、文玉樹、玗琪樹、不死樹。鳳皇、鸞鳥，皆戴瞂。又有離朱、木禾、柏樹、甘水、聖木曼兌，一曰挺木牙交。

　　注：我認為離朱 lyai-tjio 是大麻 nesha，塔什庫爾干縣吉爾贊喀勒墓地（即曲曼墓地）祭祀的火壇發現塞人 2500 年前吸食大麻遺跡，希羅多德《歷史》記載中亞的民族吸食大麻。〔註4〕因為大麻能提高視力，所以離朱誤傳為千里眼，《莊子·駢拇》：「故駢於明者……而離朱是已！」陸德明疏：「黃帝時明目人，百里察毫毛也。」《天地》說黃帝在崑崙山丟失玄珠，讓離朱和喫詬去找，喫詬顯然是塞人的水神竅窳。

　　聖木曼兌即曼陀羅，因為有毒，古人用來作為巫師的迷幻藥或醫生的麻醉藥，上古的巫師就是醫生。漢字的藥，下面就是樂，藥不僅是救命的物品，也是作樂的物品。這一段和下一段，都出自印歐人的神話。聖木曼兌，誤為挺木牙交，字形接近。

　　開明東有巫彭、巫抵、巫陽、巫履、巫凡、巫相，夾窫窳之尸，皆

〔註4〕 中國科學院古脊椎動物與古人類研究所：《2500 年前帕米爾高原上的化學證據揭示大麻吸食行為的起源》，網址：http://www.cas.cn/syky/201906/t20190613_4695030.shtml。

操不死之藥以距之。窫窳者，蛇身人面，貳負臣所殺也。服常樹，其上有三頭人，伺琅玕樹。開明南有樹鳥，六首，蛟、蝮、蛇、蜼、豹、鳥秩樹，於表池樹木，誦鳥、隼、視肉。崑崙虛南所，有泛林方三百里。

注：西亞上古就有鳥頭人身神守衛生命樹的畫像，尼姆魯德亞述王宮的銅雕、石雕和波斯酒杯上都有。瑣羅亞斯德教（祆教）生命樹上的鳥是Senmurv，或名 Simurg，祆教經典《阿維斯坦》（亞什特第 12、14 章）稱為saena，我認為就是漢語隼的由來，讀音接近。俾路支語的鳥是 murg，疑源自山，拉丁語的山是 mons，瑞典語是 berg，讀音接近。佤語的鳥是 sim，Simurg或是鳥和山的合成，指住在高山的猛禽。

服常樹即《海外西經》雄常，據《淮南子》是雒棠，我在上文已經指出源自波斯語的光明 roxan，琅玕的讀音也非常接近 roxan，所以琅玕指光亮的珠寶，琅玕樹、雒棠樹都是光明之樹。

彼得大帝收藏的西伯利亞寶藏之中有塞人的黃金飾品，其中有一件是在生命樹下有頭戴高冠的巫師或神靈懷抱一個死人。內蒙古博物館藏有一件風格類似的金飾，樹上和樹下都有猛禽，符合《山海經》的描述。

看守生命樹的鳥神（左上、右：亞述雕刻，左下：波斯酒杯）

西伯利亞寶藏的塞人金飾、內蒙古博物館藏金飾

國在流沙中者，埻端、璽晦，在崑崙虛東南。一曰海內之郡，不為郡縣，在流沙中。國在流沙外者，大夏、豎沙、居繇、月支之國。西胡白玉山，在大夏東。蒼梧在白玉山西南，皆在流沙西，崑崙虛東南。崑崙山在西胡西，皆在西北。

注：岑仲勉指出埻端即郭端，即于闐 Khotan，今和田，元代翻譯為五端、兀端、幹端。〔註5〕璽晦，又作繭晦kyan-huan，我認為就是羯盤陀 Kavanta，讀音接近，靠近于闐，正是在崑崙山的東南。崑崙山西南的蒼梧是梧蒼之誤，梧蒼是《大唐西域記》卷三烏仗那國，梵文是 Udyāna、Uddiyāna，《新唐書》作越底延，〔註6〕也即《西次三經》的葼章山。其東部的白玉山，在今葉城縣或和田之南。大夏在今阿富汗北部，其北部是羯霜那國 Kasanna，讀音接近堅沙，《三國志》卷三十裴注引魚豢《魏略》作堅沙，則豎沙或是誤字。居繇或是忽露摩國，讀音接近，雅忽比《諸國志》作 Kharūn，在今杜尚別附近。〔註7〕

第三節 《海內北經》

蛇巫之山，上有人操柸而東向立。一曰龜山。

注：巫師常有操蛇形象，印歐人崇拜蛇，希羅多德《歷史》記載塞人的女祖先是半人半蛇，西亞早期也有蛇崇拜。

〔註5〕岑仲勉：《漢書西域傳地裏校釋》，第72頁。
〔註6〕〔唐〕玄奘、辯機原著、季羨林等校注：《大唐西域記校注》，第270～271頁。
〔註7〕〔唐〕玄奘、辯機原著、季羨林等校注：《大唐西域記》，第107頁。

西王母梯几而戴勝杖，其南有三青鳥，為西王母取食。在崑崙虛北。

注：西王母見《西次三經》解釋。

有人曰大行伯，把戈。其東有犬封國。貳負之尸在大行伯東。

注：大行 da-hang 疑即敦煌，源自龍。

犬封國曰犬戎國，狀如犬。有一女子，方跪進杯食。有文馬，縞身朱鬣，目若黃金，名曰吉量，乘之壽千歲。

注：《逸周書·王會》：「犬戎文馬，文馬朱鬣縞身，目若黃金，名曰吉黃之乘。」我認為吉黃 ket-huang 即芬蘭語的馬 hevonen，即《穆天子傳》渠黃。

鬼國在貳負之尸北，為物人面而一目。一曰貳負神在其東，為物人面蛇身。

注：鬼國即鬼方，見上文。

蜪犬如犬，青，食人從首始。

注：《逸周書·王會》：「渠叟以鼩犬，鼩犬者，露犬也，能飛食虎豹。」即蜪犬，勺或是匋之缺誤。即藏獒，獒和匋讀音接近。據《穆天子傳》回程路線，渠搜在今姑臧，渠搜和姑臧讀音接近。《逸周書·王會》：「匈奴狡犬，狡犬者，巨身四足果。」狡犬即獒。

窮奇狀如虎，有翼，食人從首始，所食被髮，在蜪犬北。一曰從足。

注：窮奇即共工，讀音接近，源自印歐語的王。窮奇是雪豹，雪豹被譽為雪山之王。所以狀如虎，因為雪豹在山巔跳躍如飛，所以傳說有翅膀。也即飛獅格里芬 Griffin 的由來，Griffin 源自突厥語的雪豹 kar paris。基督教《聖經》伊甸園東門的基路伯 Karibu，源自 Kar paris，證明伊甸園源自中亞帕米爾高原為中心的山地。

1977 年河北省平山縣三汲村中山王墓出土戰國錯銀銅雙翼神獸，其實就是格里芬，保留了雪豹的身體特徵，身材細長，頭部較小。中山國是白狄建立，白狄來自西域，中山國和西域的交流較多，所以中山國人熟悉格里芬。

西亞人看不到雪豹，誤以為格里芬是飛獅，按照獅子的外貌來塑造格里芬，不如東方人塑造的逼真。

中山國王墓出土的銅格里芬

　　帝堯臺、帝嚳臺、帝丹朱臺、帝舜臺，各二臺，臺四方，在崑崙東北。

　　注：下文的朱蛾即沙陀朱邪，在蒲類之東，說明帝臺就在蒲類（今巴里坤）。

　　大蜂其狀如螽。朱蛾其狀如蛾。

　　注：朱蛾當然不可能是指一種紅色的蛾子。朱蛾其實是朱邪部落，清華大學藏戰國楚簡《繫年》：「飛廉東逃於商盍（奄）氏，成王伐商盍，殺飛廉，西遷商盍之民於邾圉（朱圉），以御奴盧之戎，是秦之先。」《禹貢》雍州有朱圉山，《漢書·地理志下》天水郡冀縣：「《禹貢》朱圉山在縣南梧中聚。」在今甘肅省甘谷縣西南，這就說明秦人西遷在西周初期。〔註8〕

　　朱圉就是沙陀的朱邪氏，讀音很近。朱邪即處月，讀音很近。《新唐書》：「沙陀，西突厥別部處月種也。始，突厥東西部分治烏孫故地，與處月、處蜜雜居⋯⋯西突厥浸強，內相攻，其大酋乙毗咄陸可汗建廷鏃曷山之西，號北

〔註8〕李學勤：《清華簡〈繫年〉及有關古史問題》，《文物》2011年第3期。

庭，而處月等又隸屬之。處月居金娑山之陽，蒲類之東，有大磧，名沙陀，故號沙陀突厥云。」唐代的月還讀作 uat，處月音近現在俄羅斯的楚瓦什人 Chuvash，楚瓦什人是從中國西遷的突厥語民族。

蟜，其為人虎文，脛有綮。在窮奇東。一曰狀如人。崑崙虛北所有。

注：疑從窮奇變成蟜綮，仍然是雪豹。

闒非，人面而獸身，青色。

注：闒非即旱獺，《大荒西經》也提到，也是青色。蒙古語是 tarbaqa，漢譯就是土拔鼠，又名大黃鼠。闒非的上古音是 thap-piuəi，非常接近 tarbaqa 開頭的音節，土撥也是僅譯開頭。現在新疆的塔城，古名塔爾巴哈臺，就是源自土撥鼠。

據比之尸，其為人折頸被髮，無一手。

注：讀音接近契苾，隋代的契苾在東天山之北。東天山，故名祁羅漫山，我發現烏拉爾語系科米語 Komi 的山是 kyrom，讀音非常接近祁羅漫。科米人現在俄羅斯境內，但是古代在東天山之北的契苾可能是同源民族。也有可能源自蒙古語的戈壁 gobi，此處在今阿拉善之北的戈壁。

環狗，其為人，獸首人身。一曰蜎，狀如狗，黃色。

注：烏拉爾語系科米語 Komi 的狼是 köin，希臘語的狗是 kuon，讀音接近漢語的犬，尼夫赫語是 qan，烏拉爾語系的愛沙尼亞語是 koer，芬蘭語是 koira，印歐語系的德語是 hunt，都是同源字。環的上古音是 hoan，或許是一種北方民族的狗，蜎是環的形誤。

袜，其為物人身，黑首從目。

注：郭璞以為魅，我認為是旱魃，因為在阿拉善的沙漠。

戎，其為人，人首三角。

注：戎人的頭三角，源自戴的尖角帽，很多內陸民族冬天戴尖角帽，塞人有一支是尖帽塞人。

林氏國有珍獸，大若虎，五采畢具，尾長於身，名曰騶吾，乘之日

行千里。

注：林氏見上文，騶吾即雪豹，雪豹的尾巴特別粗長，騶吾 tsu-nga 是蒙古語的豹 tsoohor irves。漢代西河郡有騶虞縣，源自雪豹，位置符合。

從極之淵深三百仞，維冰夷恒都焉。冰夷人面，乘兩龍。一曰忠極之淵。陽汙之山，河出其中。凌門之山，河出其中。

注：陽汙山在漢代安定郡的媼圍縣，讀音接近，在今靖遠縣、景泰縣之間的峽谷。其南有鶉陰縣，在鶉山之北，從極（忠極）是從陰（忠陰）之誤，也即鶉陰，讀音接近。

王子夜之尸，兩手、兩股、胷、首、齒，皆斷異處。舜妻登比氏，生宵明、燭光，處河大澤，二女之靈能照此所方百里。一曰登北氏。

注：這顯然也是煤礦自燃，夜晚被火光照得很亮。正是今平川煤礦，靠近黃河，說明靖遠黃河沿岸有沼澤，即《穆天子傳》記載的滲澤。因為照亮黑夜，所以才有黑夜之神王子夜被殺死的神話。

大澤方百里，群鳥所生及所解。在雁門北。雁門山，雁出其間。在高柳北。高柳在代北。

注：漢代的代郡治代縣，在今河北省蔚縣。原為代國，是戎狄建立。秦漢高柳縣在今山西省陽高縣，雁門山在今內蒙古興和縣南，大澤即察汗淖，每年春天群鳥從南方飛來，生蛋孵雛。夏季長出新羽，脫去舊羽，準備秋季南飛，即所謂的所生及所解之地。

東胡在大澤東。

注：東胡在大澤（察汗淖）之東，說明在秦代冒頓攻破東胡之前，《史記·匈奴列傳》：「遂東襲擊東胡。東胡初輕冒頓，不為備。及冒頓以兵至，擊，大破滅東胡王，而虜其民人及畜產。」《後漢書·烏丸鮮卑列傳》：「桓者，本東胡也。漢初，匈奴冒頓滅其國，餘類保烏桓山，因以為號焉……鮮卑者，亦東胡之支也，別依鮮卑山，故因號焉。」東胡北遷，一支在烏桓山，在今阿榮旗。《舊唐書·室韋傳》說：「烏洛護之東北二百餘里，那河之北，有古烏丸之遺人。」

夷人在東胡東。

注：夷人是遼寧沿海的漁業民族，《越絕書》句踐維甲令：「夷，海也。」夷的本義是海。這是從南方北遷的越人，也即扶餘的由來。《三國史記》記載扶餘國王的養子金蛙即位，越人崇拜蛙，扶餘王東遷。扶餘故都的解慕漱是高麗人祖先，我認為解慕漱讀音接近蛤 kap，壯語的青蛙就是 kop。扶餘源自魚，壯語的魚是 bya。扶餘的讀音接近布里亞特，現在布里亞特蒙古人有很多 Y 染色體 O1，出自南方的越人。

遼寧省阜新市 7000 年前的查海遺址出土的一件陶罐上有蛇、蛙堆塑，還出土了一件碎陶片上的長條形有鱗動物紋，似乎是龍或蛇。遼寧省博物館藏有一件凌源縣三官甸子遺址出土的戰國時期雙蛇銜蛙青銅器，蛙背嵌入綠松石，還出土了很多青銅蛙。紅山文化的斜筒形玉器，前人不能解釋其由來，我認為這顯然源自一種造型極其類似的陶器，而這種陶器顯然是模仿牡蠣殼，凌源牛河梁、瀋陽新樂出土的陶器還保留海蠣殼的樣子。紅山文化勾雲紋玉器，其實是玉龜的變形，凌源縣牛河梁遺址出土了紅山文化玉龜，紅山文化還有海螺形玉器。遼寧省喀喇沁左翼蒙古族自治縣南洞溝的春秋時期墓地，出土的三件青銅小鯊魚，證明遼西的文化是海洋文化，詳見我已出版的《百越新史》第十章第六節。

第四節　《海內東經》

巨燕在東北陬。

注：巨燕是大燕，《史記·匈奴列傳》：「燕有賢將秦開，為質於胡，胡甚信之。歸而襲破走東胡，東胡卻千餘里。與荊軻刺秦王秦舞陽者，開之孫也。燕亦築長城，自造陽至襄平。置上谷、漁陽、右北平、遼西、遼東郡以拒胡。」燕國擴地千里，稱為巨燕。

貊國在漢水東北。地近於燕，滅之。

注：《海內經》貊國應接在東夷之南，靠近燕國。《漢書·地理志》遼東郡番汗縣：「沛水出塞外，西南入海。」應劭曰：「汗水出塞外，西南入海。番音盤。」顏師古曰：「沛音普蓋反。汗音寒。」樂浪郡淇水縣：「西至增地入海。」顏師古曰：淇音，普大反。」沛、淇音近，齊地的貝丘又作沛丘，《左傳》莊公八年貝丘，《史記》為沛丘，兩河緊鄰。沛水是汗水，即今大寧江，番汗縣在博川。貊國在其東北，應在今大寧江和清川江之間。

　　劉子敏認為汗水是清川江，〔註9〕我認為清川江是向西南流，沒有東北岸，但是大寧江是東南流，所以大寧江是汗水，貊國在大寧江東北。劉子敏也說根據考古發現，燕國的勢力範圍是清川江，貊國東界是清川江，西界是大寧江。《三國志》卷三十《東夷傳》裴注引《魏略》：「燕乃遣將秦開，攻其西方，取地二千餘里，至滿番汗為界，朝鮮遂弱。」應是滿、番汗，即漢代番汗縣。滿 man 或即貊 mak，讀音接近。

　　燕國的國境到大寧江，所以《山海經》說列陽、倭屬燕，指臣屬，《史記·朝鮮列傳》：「自始全燕時嘗略屬真番、朝鮮，為置吏，築鄣塞」。略屬就是招撫，沒有真正管轄。《三國志》卷三十：「又有小水貊。句麗作國，依大水而居，西安平縣北有小水，南流入海，句麗別種依小水作國，因名之為小水貊，出好弓，所謂貊弓是也。」西安平縣在今丹東，則小水貊在鴨綠江下游，其東南就是大寧江、清水江之間的貊國。

　　玄菟郡內遷因為貊人入侵，可能就是朝鮮北部的貊人。《三國志》說沃沮貢獻給高麗的物品有貊布，應是貊人所產。《逸周書·王會》記載東北民族，有穢人，有發人，發人可能即貊人。貊人源自西南，也即 Y 染色體 C 型的族群，現在西南仍有很多，滿族、蒙古族主要是 C 型，西南的就是濮人，北遷的是貊人，上古音的濮 pok 和貊 mak 讀音接近。《詩經·大雅·韓奕》說：「以先祖受命，因時百蠻。王錫韓侯，其追其貊，奄受北國，因以其伯。」此處的貊在今山西，濮陽也是源自濮人。

　　環渤海地區有很多石棚（Dolmen），有些是墓葬，有些可能是祭祀建築。《三國志·魏志·公孫度傳》：「襄平延里社生大石，長丈餘，下有三小石為之足。」襄平治今遼陽，大石下面有三個小石，就是石棚。金代王寂在《鴨江行部志》中記有：「己酉，遊西山石室。上一石，縱橫可三長，厚二尺許，端平瑩滑，壯如棋局，其下壁立三石，高廣丈餘，深亦如之，無暇隙，亦無斧鑿痕，非神功鬼巧不能為也，土人謂之石棚。」石棚在朝鮮半島最多，中國東北和山東半島以及日本九州島也有很多，但是源頭則是商代早期的遼東半島。〔註10〕浙江瑞安、平陽、蒼南、三門等地，居然也有這種石棚墓 54 座，大石蓋墓 3座，〔註11〕源頭可能也是來自朝鮮或山東，從海路來到了浙南。江蘇連雲港

〔註9〕劉子敏：《〈山海經〉貊國考》，《北方文物》1995 年第 4 期。
〔註10〕華玉冰：《中國東北地區石棚研究》，科學出版社，2011 年，第 237～242 頁。
〔註11〕金柏東：《浙南石棚墓葬研究》，《東方博物》第五期，2000 年。毛昭晰：《先秦

市的孔望山，也有石棚山，連雲港南部的灌雲縣還有石棺墓，所以江蘇北部也有可能有來自環渤海地區的移民，唐代的海州還有新羅移民村落，說明這一海道有自然基礎。《詩經・魯頌・閟宮》說：「保有鳧繹，遂荒徐宅。至于海邦，淮夷蠻貊。及彼南夷，莫不率從。」前人多以為這裡的蠻貊是泛指外族，我認為上古的淮河流域也有貊人，所以不是泛指而是實指。

郭大順認為中國東北的曲刃青銅短劍文化，包括貊族文化，也是石棚墓的主人。這種文化在西周早中期源自遼東，與山東半島的龍山文化和岳石文化有關，向遼西擴展，戰國被燕文化融合，又退往朝鮮半島。〔註 12〕也有學者認為曲刃短劍集中在遼西，所以是源自遼西的東胡文化，〔註 13〕我認為這種文化是漢代的穢、貊、高句麗文化前身。

孟鳥在貊國東北，其鳥文赤、黃、青，東鄉。

注：這種鳥可能是來自東北部的一種猛鳥，很可能就是海東青。海東青是矛隼，胸部紅褐色，背部黃黑色。

蓋國在巨燕南，倭北。

注：前人多以為在漢代樂浪郡的蓋馬山（今朝鮮狼林山），蓋的上古音是見母葉部 kap，p 和 m 都是唇音，音近，所以蓋馬可以省譯為蓋。山東也有蓋，奄、蓋同源，《史記・周本紀》：「周公為師，東伐淮夷，殘奄，遷其君薄姑。成王自奄歸，在宗周，作多方。」《正義》引《括地志》：「兗州曲阜縣，奄里，即奄國之地也。」漢代有蓋縣在今山東沂源。《舊唐書・韋挺傳》記載貞觀十九年，唐軍破蓋牟城，據考證此城即將撫順市勞動公園古城。但是蓋牟不可能蓋馬大山所在地，〔註 14〕因為此地已經在玄菟郡之西的遼東郡東境。此名可能是同源通名，或是遷移地名。

倭屬燕。

注：倭國在蓋國（蓋馬大山）之南，緊鄰燕地，不可能是今日本。《後漢

時代中國江南和朝鮮半島海上交通初探》，《東方博物》第十期，2003 年。
〔註 12〕郭大順、張星德：《東北文化與幽燕文明》，江蘇教育出版社，2005 年，第 507
～513 頁。
〔註 13〕李楙、程金輝：《山戎、東胡芻議》，河北省文物研究所編《河北省考古文集
（四）》，科學出版社，2011 年，第 370～375 頁。
〔註 14〕譚其驤主編：《〈中國歷史地圖集〉釋文》東北卷，中央民族出版社，1988 年。

書》卷九十七《烏桓鮮卑列傳》記載鮮卑人的首領檀石槐：「聞倭人善網捕，於是東擊倭人國，得千餘家，徙置秦水上，令捕魚以助糧食。光和中，檀石槐死，時年四十五，子和連代立。」有學者提出檀石槐俘虜的倭人是汗人之誤，《三國志》卷三十《東夷傳》裴注引《魏書》：「聞汗人善捕魚，於是檀石槐東擊汗國，得千餘家，徙置烏侯秦水上，使捕魚以助糧。至於今，烏侯秦水上有汗人數百戶。」倭人作汗人，汗人是韓人。〔註15〕我認為汗人不是韓人，汗人是污人之誤，污的上古音是影母魚部 ua，倭是影母歌部 uai，仍是倭人。

　　酈道元《水經注》卷十四《大遼水》：「白狼水又東北，逕昌黎縣故城西……高平川水注之，水出西北平川，東流逕倭城北，蓋倭地人徙之。」據楊守敬《水經注圖》，倭城在今遼寧省喀喇沁左翼蒙古族自治縣北部，酈道元記載鮮卑人先祖之事，不會有錯。

　　檀石槐控制東西萬里，到達今天的朝鮮北部，但是從此渡海仍非易事，所以他俘虜的倭人就在朝鮮半島。穢的上古音是影母月部 iuat，讀音接近倭 uai，所以倭人很可能就是穢人。污、窊、窪、穢是同源字，〔註16〕地勢低窪的地方易生污水，當然污穢。當然倭、穢民族不是因為髒得名，這是漢字譯音，穢又作濊。《三國志》卷三十說濊人：「多忌諱，疾病死亡輒損棄舊宅，更作新居。」古代日語的海是 wata，上古音的越是 hiuat，《說文》濊：「水多貌。」濊即英語的 water，漢語的活 kuat，所以穢、倭、越的名字都是源自沿海而居，而穢、倭的血統不是源自南方的越人。《三國志》卷三十記載穢人、沃沮人的語言接近高句麗，則不是源自越人。《呂氏春秋》卷二十《恃君》：「（非）〔海〕濱之東，夷、穢之鄉，大解、陵魚、其鹿野、搖山、揚島、大人之居，多無君。」此處的大解即大蟹，搖山即《大荒東經》搖民，揚島即《逸周書‧王會》揚州，陵魚也對應《山海經》，唯獨多出穢。

　　漢代樂浪郡的邪頭昧縣疑即邪昧頭之誤，即邪馬臺 Yamato 的同源地名，日語是山門。朝鮮半島和日本文化關係密切，《三國史記》記載新羅國的國王昔氏和貴族瓠公都來自日本。

朝鮮在列陽東，海北山南。列陽屬燕。

　　注：漢代的列水為今朝鮮大同江，漢有列口縣，在列水的入海口。列陽

〔註15〕沈仁安：《日本起源考》，崑崙出版社，2004 年，第 17～21 頁。
〔註16〕王力：《同源字典》，第 119～120 頁。

指列水之陽，樂浪可能源自列陽，讀音接近。朝鮮在列陽之東，海北山南，當在今朝鮮的江華灣和大同江之間。《尚書大傳》卷三說箕子走朝鮮，周武王封箕子於朝鮮。《史記·周本紀》：「命召公釋箕子之囚。」召公封在燕地，北京西周遺址出土多件箕器，遼寧省喀喇沁左翼蒙古族自治縣出土了 69 件箕器，年代從商代晚期到西周初年，因此有學者認為《山海經》所說的海北山南的朝鮮是在燕山和渤海之間的古朝鮮國，箕子朝鮮在戰國晚期燕國擴張才退往朝鮮西部沿海，秦代又回到遼西，被衛滿所滅。〔註17〕我認為這是誤解，《海內東經》的條目有次序，朝鮮在東胡、夷人之東，在燕國境外。箕氏朝鮮確實有人東遷朝鮮，不可能在秦代再遷回中國，遼西的箕器窖藏或是箕子朝鮮東遷之前埋下，也可能是被戎狄擄掠。《史記·朝鮮列傳》的《集解》引張晏曰：「朝鮮有濕水、洌水、汕水，三水合為洌水，疑樂浪、朝鮮取名於此也。」其後又有日出之地、鮮卑、早晨等說，韓國現代學者申采浩、鄭寅普提出朝鮮即肅慎說。《國語·魯語》孔丘說周武王得到肅慎氏貢楛矢，賜給女婿陳國君主胡公。

列姑射在海河州中。射姑國在海中，屬列姑射，西南，山環之。

注：姑射應即伽倻，在今韓國的慶尚南道。海河洲中，可能有誤，指在海中，也可能指黑潮是海中的河流。其西南射姑可能是屋久島，是圓形的火山島，所以說山環之，其實是環形山。

大蟹在海中。

注：《逸周書·王會》海陽進貢大蟹，海陽應在楚地最東部的江淮沿海，《史記·蘇秦列傳》楚國：「東有夏州、海陽。」《吳越春秋·句踐伐吳外傳》：「越軍明日更從江出，入海陽……越軍遂圍吳。」楊寬認為海陽在長江之北，但《吳越春秋》在蘇州，今仍以陽澄湖大閘蟹聞名。海陽的地名通名，即使在江淮，此處的大蟹也可能來自很遠的海域。郭郛認為大蟹是梭子蟹，但是無論是大閘蟹和梭子蟹都不夠巨大，也不在東北部，所以《山海經》的大蟹應是日本海的蜘蛛蟹，最大的可達 4 米。可以通過貿易或傳說為燕國人知曉，或許燕國的方士在海上看到了蜘蛛蟹。

南宋洪邁《容齋四筆》卷六：「又海商言，海中黿鼉島之東，一島多蟹，

〔註17〕〔韓〕姜寅虎：《箕子東走路線的探索》，南京師範大學文博系編《東亞古物》A 卷，文物出版社，2004 年。

種類甚異。有虎頭者，有翅能飛者，有能捕魚者，有殼大兼尺者。」隋書‧流求國傳》說這個島在流求（臺灣島）之西，在今澎湖。其東有殼大兩尺的海蟹，應是蜘蛛蟹。

都州在海中。一曰郁州。

注：郁洲島是今連雲港雲台山，都州是形誤。康熙五十年（1711 年）才與大陸聯結，崔應階《雲台山志》卷一：「康熙庚寅、辛卯（五十年）間，海漲沙田，始通陸路。」〔註 18〕嘉慶《海州直隸州志》卷二十：「康熙四十年後，海漲沙淤，渡口漸塞。至五十年忽成陸地，直抵山下矣。」〔註 19〕郁洲島是齊、燕方士沿海南下的重要據點，有很多方士，酈道元《水經注‧淮水》：「故崔季珪之敍《述初賦》言，郁州者，故蒼梧之山也，心悅而怪之，聞其上有仙士石室也，乃往觀焉。見一道人獨處，休休然不談不對，顧非己所及也。」

植物地理學家研究，現在確實有蘇南和華南植物跳越分布到連雲港的雲台山。〔註 20〕郁洲島是孫恩等道教徒的基地，《晉書》卷一百《孫恩傳》：「北寇廣陵，陷之，乃浮海而北。劉裕與劉敬宣並軍，躡之於郁洲，累戰。」《宋書》卷四九《虞丘進傳》：「追恩至郁州，又至石鹿頭。」《梁書》卷三九《王神念傳》：「時青、冀州東北有石鹿山臨海，先有神廟，妖巫欺惑百姓，遠近祈禱，糜費極多。及神念至，便令毀撤，風俗遂改。」此處青、冀州指僑置在郁洲島的青、冀州，很多山東人從海路遷移到島上。

最早的暘谷可能在今連雲港，東海縣有溫泉，郁洲島又有大樹類似扶桑。最早的青丘可能在今寶應、鹽城、海安，有很多青墩地名。因為江淮人航海東遷，暘谷、扶桑、青丘等地名也東移到韓國、日本。日本從繩文時代進入彌生時代，就是因為很多大陸移民到來，其實有很多移民來自江淮，帶來了稻作文化。日本在此時出現了類似江南土墩墓的墳丘墓，出現了類似的干欄（閣樓）建築和環壕聚落。〔註 21〕

〔註 18〕〔清〕崔應階重編、吳恒宣校訂：《雲台山志》，《中國方志叢書》華中地方第468 號，成文出版社，1983 年，第 71 頁。

〔註 19〕仲其臻等整理：《嘉慶海州直隸州志》，第 883 頁。

〔註 20〕閻傳海：《植物地理學》第三章第三節《連雲港地區植物區系分析》，科學出版社，2001 年。

〔註 21〕安志敏：《江南文化和古代的日本》，《考古》1990 年第 4 期。安志敏、〔韓〕金元龍、〔日〕賀川光夫、西谷正著、崔大勇譯：《聯結中日韓的稻米之路》。

　　江淮和韓國、日本之間常有海船來往，《隋書》卷八一《百濟傳》:「平陳之歲，有一戰船，漂至海東聃牟羅國。」聃牟羅 Tamura 是今韓國濟州島，同書卷二記載隋文帝楊堅開皇八年（588 年）伐陳的八路軍隊，唯有燕榮出東海郡（治今連雲港）是海路，這艘船是從江淮漂到濟州島。日本遣唐使的船多次到江淮，文武天皇大寶元年（701 年）到楚州鹽城縣，光仁天皇寶龜六年（775 年）到揚州海陵縣，九年（778 年）回國的四艘船分別從蘇州常熟縣、揚州海陵縣、楚州鹽城縣出發。仁明天皇承和五年（838 年）到揚州，承和六年（839 年）從楚州回國。〔註22〕古代的海陵縣很大，海港應在今如東縣。

　　南宋祝穆《方輿勝覽》卷四五泰州古蹟:「高麗鼓，在西溪聖果院，相傳保大中，海汐飄至。」西溪在今東臺之西，當時靠海，原屬泰州，保大是南唐元宗李璟的年號（943～957 年）。北宋沈括《夢溪筆談》卷二四:「嘉祐中，蘇州崑山縣海上，有一船桅折，風飄抵岸。船中有三十餘人，衣冠如唐人……自出一書示人，乃唐天祐中告授毛羅島首領陪戎副尉制。又有一書，乃是上高麗表，亦稱毛羅島，皆用漢字，蓋東夷之臣屬高麗者。」毛羅即聃牟羅（濟州島），今天崑山靠海的地方已改屬太倉。王闢之《澠水燕談錄》卷九高麗人:「將由四明登岸，比至，為海風飄至通州海門縣新港。」南宋周煇《清波雜志》卷四:「煇頃在泰州，偶倭國一舟飄泊在境上，一行凡三、二十人，至郡館穀之。」

琅邪臺在渤海間，琅邪之東。其北有山。一曰在海間。

　　注:琅邪臺在今膠南的東南，今天靠黃海，古人稱為渤海，可能因為這些海域都屬齊國。

始鳩在海中，轅厲南。

　　注:始鳩即鳲鳩，即布穀鳥，上古山東的蒲姑國源自少皞部落的鳲鳩氏。《南山經》首篇基山在今寶應縣的箕山，有鶹䳌，上文已經考證是揚雄《方言》卷八的尸鳩，郭璞注:「按《爾雅》即布穀，非戴勝也。」杜預注《左傳》昭公十七年的鳲鳩氏:「鳲鳩，鴶鵴也。鳲鳩平均，故為司空，平水土。」唐代孔穎達疏:「《詩》云:『鳲鳩之養其子，朝從上下，暮從下上，平均如一。」

〔註22〕〔日〕木宮泰彥著、胡錫年譯:《日中文化交流史》，北京:商務印書館，1980年，第 87 頁。

是鳲鳩平均，故為司空。」我認為前人依照《爾雅》皆誤，鴶鵴即布穀鳥（大杜鵑），產卵在其他鳥巢之中，自己不建巢養雛，不存在養子平均。鳲的讀音接近勝，鳲鳩是戴勝，應從揚雄《方言》。戴勝是雌鳥孵卵，雄鳥餵食，所以《曹風·鳲鳩》讚頌：「鳲鳩在桑，其子七兮。淑人君子，其儀一兮。其儀一兮，心如結兮。」戴勝和杜鵑對待子女的態度正好相反，以色列人因為戴勝悉心照顧子女的習性，而投票選出戴勝為國鳥。或許因為戴勝覓食時喜歡在地面翻檢草木，所以被少皞部落作為司空氏族的象徵。

韓雁在海中，都州南。

注：韓、雁是邗、雁，邗國在今揚州，雁國在今揚州之東的宜陵鎮。裏下河湖沼密布，水鳥很多，現在興化、東臺都有天鵝村，海安、漣水都有天鵝蕩村，興化有雁周村，泰興有雁嶺村、雁旺（汪）口村，東臺有鶴落墩，泰興、海安都有鴨灣村，姜堰、江都都有鴨孫村，寶應有雁來頭、鶴兒灣村。唐代日本僧人成尋的《入唐求法巡禮行記》記載揚州之東：「白鵝白鴨，往往多有……水路之側，有人養水鳥，追集一處，不令外散，一處所養，數二千有餘。」唐代姚合《揚州春詞三首》之三：「有地惟栽竹，無家不養鵝。」《太平廣記》卷四六二引徐鉉《稽神錄》：「乙卯歲，海陵郡西村中有二鵝鬥於空中，久乃墮地，其大可五六尺，雙足如驢蹄，村人殺而食之者皆卒。明年，兵陷海陵。」又引《玉堂閒話》說淮南人用雁媒捕雁，淮南節度使治揚州。天鵝的印地語是 hans，高棉語是 hang，緬語是 ngan，蒙古語是 hun，讀音接近邗。現在閩南語的雁還讀作 gan，就是邗的聲旁干的讀音。

揚州之東有宜陵鎮，上古音的宜是疑母歌部 ngai，或即宜國所在。1954丹徒煙墩山出土的宜侯夨簋，銘文記載宜國有河川三百，可見河網密集，我認為宜國可能在宜陵鎮。江蘇姜堰市北部的天目山發現西周早期古城，內城邊長 70 米，外城東西 220 米，南北 200 米，外有壕溝。或以為是邗國都城，我認為韓雁可能就是邗國。1982 年丹徒大港母子墩出土的西周雁尊，被很多人誤認為鴛鴦尊。《越絕書》卷二：「毗陵縣南城，故古淹君地也。東南大冢，淹君子女冢也。去縣十八里。吳所葬。」毗陵縣在今常州，其南十八里是今常州淹城，可能是江北的雁國南遷到此。

遼寧省喀左縣馬廠溝出土的西周青銅器有一件非常類似的尊，被稱為鴨形尊，我認為應該稱為雁形尊。這件雁形尊很可能來自奄國，周成王時，

被周人封在邶國的商紂王之子武庚聯合奄人、管叔、蔡叔起兵，河北省淶水縣出土了很多邶國青銅器，武庚失敗北逃很可能進入燕地，所以周公旦改封原來在召國（今河南漯河市召陵鎮）的召公到燕國。遼寧省喀左縣發現大量窖藏的商周青銅器，有庚父戊簋、魚父簋、魚尊、蔡簋、匽侯盂、箕侯方鼎。我認為這些青銅器都源自周成王時的大戰亂，庚父即武庚，魚即魯，匽即燕。周公改封自己的兒子伯禽到奄（今曲阜），國名仍然沿用魯，魯原在今河南省魯山縣。魚陵山在今平頂山市和魯山縣交界處，《左傳》襄公十八年：「楚師伐鄭，次於魚陵。」魯源自魚，所以《詩經》的周南、召南在江漢流域，指魯、召兩國原地之南。傳言周武王封箕子到朝鮮，喀左縣出土的箕侯器印證箕子族人確實向東北遷徙，雖然箕子未必到朝鮮，但是也有一定依據。

江蘇丹徒出土西周雁尊、遼寧喀左出土西周雁尊

　　1973 年，無錫前洲村出土的戰國青銅器，銘文稱器主是郪陵君王子申，或認為我和義同音，在今宜興的義山。〔註 23〕何琳儀認為在淮北，《說文》：「郪，臨淮徐地。」〔註 24〕不過這可能是誤解徐國的國君儀楚所致，上古典籍不記載這個地名。吳良寶認為可能在無錫，〔註 25〕我認為我即鵝，或許也

〔註 23〕李零、劉雨：《楚郪陵君三器》，《文物》1980 年第 1 期。又見劉雨：《金文論集》，紫禁城出版社，2008 年，第 289～295 頁。
〔註 24〕何琳儀：《楚郪陵君三器考辨》，《江漢考古》1984 年第 1 期。
〔註 25〕吳良寶：《戰國楚簡地名輯證》，武漢大學出版社，2010 年，第 131 頁。

是源自雁（奄）國。

漢代江淮還流行雁足燈，南京博物館藏有多件。包括盱眙縣大雲山出土的西漢雁足燈、揚州甘泉鎮、睢寧縣劉樓鎮、徐州土山出土的東漢雁足燈等，這也是上古東夷崇雁習俗的延續。

江蘇盱眙縣出土西漢雁足燈、睢寧縣出土東漢雁足燈

雷澤中有雷神，龍身而人頭，鼓其腹。在吳西。

注：此條原來在都州之前，位置有誤，既然在吳地之西，則應在會稽山之前。雷澤，前人或以為是太湖，雷澤即震澤，雷即震。蠡湖和雷澤的讀音可以勘同，不過《史記》不提范蠡在蠡湖活動，蠡湖的名字可能很晚出現。雷澤和雷池可能是同源地名，雷池在今安慶。我已論證雷池源自雷氏，〔註26〕雷澤可能也是源自雷氏，即俚人，屬百越族群。俚源自山野，東漢會稽人袁康、吳平的《越絕書》卷三《吳內傳》中保留了一段珍貴的古越語，是句踐的軍令漢譯，說：「萊，野也。」會稽越人稱野為萊。萊、黎相通，今鄭州市北部的古地名時來，又作祁黎，《左傳》隱公十一年（前712年）：「夏，公會鄭伯於時來。」《公羊傳》作祁黎，《水經注》卷七《濟水》：「濟水又東南逕釐城東。《春秋經》書，公會鄭伯於時來，杜預所謂釐也。京相璠曰：今滎陽縣東四十里，有故釐城也。」滎陽古城東四十里，在今鄭州市北部。西漢在海南島設有至來縣，這個來很可能就是黎，俚人、黎人的名字都源自山野，但是俚人不是黎人，名字同源而已，俚人是侗水族群。所以雷澤是正名，震澤源自雷澤。

會稽山在大楚南。

〔註26〕周運中：《彭蠡澤名由來與彭氏、雷氏》，《地方文化研究》2016年第2期。

注：會稽山在紹興南，楊寬考訂，楚懷王二十三年（前 306 年）滅越。〔註27〕湖南常德夕陽坡楚簡：「越甬君贏將其眾以歸楚之歲」，這個甬君即今寧波的一個越人小君長，他朝服於楚的年代，李學勤據該簡所記曆像，定為楚懷王二十二年（前 307 年）。〔註28〕

陵魚人面，手足，魚身，在海中。大鯾居海中。

注：陵魚即人魚、美人魚，即儒艮。原文在姑射國之下，其實應在會稽山之下，因為儒艮最北分布到琉球群島。大鯾是一種扁形的大魚，指日本蝠鱝，體長超過 4 米。

明組邑居海中。

注：司馬相如《子虛賦》：「浮渤澥，遊孟諸。」孟諸即明組，古音接近。《史記·律書》：「明庶風居東方」，明庶即明組。明組邑的讀音接近 Misaya，即菲律賓中部的米沙鄢人，元末泉州海商汪大淵的《島夷志略》說毗舍耶（米沙鄢）人喜歡劫掠，東洋人都害怕。南宋時米沙鄢人從臺灣劫掠泉州。〔註29〕

蓬萊山在海中。

注：竟然有人誤以為此處的蓬萊山在今山東蓬萊，其實今山東蓬萊是唐太宗貞觀八年（634 年）才設蓬萊鎮，中宗神龍三年（707 年）才升為蓬萊縣，此前的大陸不存在具體的蓬萊地名。宋代方勺《泊宅編》卷二記載，上古的羽山也被附會為蓬萊縣北的島上，八仙過海的故事更是被附會到蓬萊縣。上古東南海外的仙山蓬萊山是今呂宋島，我已有考釋。〔註30〕

大人之市在海中。

注：有人誤以為此處的大人之市是山東的海市蜃樓，其實此處是東南海外，不可能在山東。菲律賓東南的大人，可能指巴布亞人，巴布亞人的 Y 染色體是 M 和 S 型，巴布亞人身高臉長，與馬來人相貌差異很大。〔註31〕

〔註27〕楊寬：《戰國史》，第 364 頁。

〔註28〕李學勤：《越甬君贏將其眾以歸楚之歲考》，《古文字研究》第二十五輯，北京：中華書局，2005 年。

〔註29〕周運中：《正說臺灣古史》，廈門大學出版社，2016 年，第 125～135 頁。

〔註30〕周運中：《道士開闢海上絲綢之路》，第 35～45 頁。

〔註31〕〔英〕阿爾弗萊德·拉塞爾·華萊士著、彭珍、袁偉亮等譯：《馬來群島自然科學考察記》，第 512 頁。

第八章 《大荒經》注釋

第一節 《大荒東經》

東海之外大壑，少昊之國。少昊孺帝顓頊於此，棄其琴瑟。有甘山者，甘水出焉，生甘淵。大荒東南隅有山，名皮母地丘。東海之外，大荒之中，有山名曰大言，日月所出。

注：東海之外的大壑，在今東海的東南，其實是黑潮，我已有考證。因為黑潮宛如陰溝濁水，故名溝壑。《莊子·天地》：「諄芒將東之大壑，適遇苑風於東海之濱。」《列子·湯問》夏革曰：「渤海之東不知幾億萬里，有大壑焉，實惟無底之谷，其下無底，名曰歸墟。八紘九野之水，天漢之流，莫不注之，而無增無減焉。其中有五山焉：一曰岱輿，二曰員嶠，三曰方壺，四曰瀛洲，五曰蓬萊。」明代萬曆三十四年（1606年）冊封琉球使夏子陽《使琉球錄》說：「午後過釣魚嶼，次日過黃尾嶼。是夜風急浪狂，舵牙連折。連日所過水皆深黑，宛如濁溝積水。或又如靛色，憶前使錄補遺稱由滄水入黑水，信哉。」乾隆二十一年（1756年）冊封副使周煌《琉球國志略》卷五《山川》說：「琉球環島皆海也，海面西距黑水溝，與閩海界。」

少昊即少皞，是山東的部落，說明上古的山東和臺灣、日本已有交流。甘水、甘淵的甘 kam，就是黑，黑色的古埃及語是 km，高棉語是 kmav，韓語是 geomda，分子人類學測出韓國三分之一人的 Y 染色體是 O2，這也是南亞語系族群的 Y 染色體，高棉語是南亞語系語言，所以讀音接近。甘淵不是臺灣或日本的溫泉，因為溫泉很少是甜味，絕大多數是硫磺味或酸味。甘或

許源自味道,《淮南子‧天文》:「日出於暘谷,浴於咸池,拂於扶桑,是謂晨明。」甘淵作咸池,或許是源自味道,或許是甘的音訛。

皮母,音近臺灣東南部的卑南族 puyuma,上古音的母是 ma,音近。大言,大員,即臺灣由來,在今臺南。

有波谷山者,有大人之國。有大人之市,名曰大人之堂。有一大人跤其上,張其兩耳。

注:波谷,即今日本九州島南部古代的隼人 Haya,音近,今九州島東南的鹿屋 Haya 即源自此族。《新唐書》卷二百二十《日本傳》:「其東海嶼中,又有邪古、波邪、多尼三小王,北距新羅,西北百濟,西南直越州,有絲絮、怪珍云。」邪古即今屋久島 Yaku,波邪即今鹿屋,多尼即今種子島 Tanega,西南通越州(今舟山、寧波、紹興)。

大人張其兩耳,是隼人把耳垂塞入物體撐大的習俗,伊能嘉矩根據五島列島土著白水郎的大耳、垂耳風俗,指出其風俗接近南島民族,[註1]《肥前國風土記》說:「昔者同(景行)天皇,巡幸之時,在志式島之行宮,御覽西海。海中有島,煙氣多覆。勅陪從阿曇連百足,遣令察之,爰有八十餘。就中二島,島別有人。第一島名小近,土蜘蛛大耳居之。第二島名大近,土蜘蛛垂耳居之。自餘之島並人不在於茲,百足獲大耳等奏聞天皇,勅且令誅殺。時大耳等……即取木皮,作長蚫、鞭蚫、短蚫、陰蚫、羽割蚫等之樣,獻於御所……因曰值嘉……此島白水郎,容貌似隼人,恒好騎射,其言語,異俗人也。」《後漢書‧東夷傳》說倭:「其地大較在會稽東冶之東,與朱崖、儋耳相近,故其法俗多同。」儋耳即大耳,在今海南島,隼人是南島語系民族北遷到九州島的一支,白水郎即漁民,所以有南島民族用樹皮做衣服的習俗。其實日本不靠近海南島,或許是因為有儋耳之俗而誤解。

有小人國,名靖人。

注:這種小人在今琉球或臺灣,賽夏族傳說有小人曾經住在他們的土地,被他們消滅,所以他們有矮靈祭。《三國志》卷三十《東夷傳》倭國:「又有侏儒國,在其南,人長三四尺,去女王四千餘里。又有裸國、黑齒國復在其東南,船行一年可至。」前秦王嘉《拾遺記》卷十《諸名山》員嶠山:「南有移

池國，人長三尺，壽萬歲，以茅為衣服，皆長裾大袖。」我已經考證員嶠山是今屋久島，移池國在今琉球群島。

有神，人面獸身，名曰犁之尸。

注：從讀音來看，犁靁 lai-lyeng 應是樂浪 lak-lang，冷 leng 通涼 liang，因為上古膠東話把 eng 讀成 ang，揚雄《方言》卷十一：「蠅，東齊謂之羊。」郭璞注：「此亦語轉耳，今江東人呼羊聲如蠅。」此篇源自膠東航海的方士，所以犁靁的讀音就是樂浪。

有潏山，楊水出焉。有蔿國，黍食，使四鳥：虎、豹、熊、羆。

注：上古音的潏 jiut、蔿 ngiuai 都是源自濊 iuat、也即倭的古音 wata，源自表示低窪地方的越 uat，南島語的海 wasa、朝鮮語的海 bada 都是同源字。此處的潏山、蔿國，或是在今日本的倭人，或是在朝鮮半島的濊人。《逸周書·王會》東北部的揚州 jiang-tjiu 就是濊，音近。

大荒之中，有山名曰合虛，日月所出。有中容之國。帝俊生中容，中容人食獸、木實，使四鳥：豹、虎、熊、羆。有東口之山。有君子之國，其人衣冠帶劍。

注：君子國在今韓國，上文已釋。合虛即韓墟，墟和丘是同源字，《山海經》稱崑崙山為崑崙丘、崑崙虛。帝俊 tsuən 就是帝舜 suən，讀音接近。滿語的太陽是 sun，讀音接近舜。英語的太陽 sun 是同源字，蒙古語的東方 züün 也是同源字。

有司幽之國。帝俊生晏龍，晏龍生司幽，司幽生思士，不妻。思女，不夫。食黍，食獸，是使四鳥。有大阿之山者。大荒中有山，名曰明星，日月所出。有白民之國。帝俊生帝鴻，帝鴻生白民，白民銷姓，黍食，使四鳥：虎、豹、熊、羆。

注：晏龍即應龍，源自蛇 yilan，見上文《海外北經》柔利國。因為是印歐人，所以是白民。司幽也是蛇，思士疑即思土之誤，讀音接近司幽。

有青丘之國，有狐，九尾。有柔僕民，是維嬴土之國。

注：此青丘，即《南山經》首篇青丘山，在今鹽城。柔僕民，應是牛僕民，即牧牛人。《海外北經》柔利國，即《大荒北經》牛黎國，可知牛通柔。

本篇下文說到僕民，可知牛僕即牧牛。江蘇東部沿海適合牧牛，現在南通沿海還有著名的海子牛。海子牛源自遠古時期的江淮沿海灘塗和湖沼的野水牛，是一種優良的家牛。

有黑齒之國。帝俊生黑齒，姜姓，黍食，使四鳥。

注：已見《海外東經》黑齒解釋。

有夏州之國。有蓋余之國。

注：《史記・蘇秦列傳》說楚國：「東有夏州、海陽。」海陽大蟹是日本海的帝王蟹，夏州也在朝鮮半島。夏州的上古音 hea-tjiu，接近濊 iuat，蓋余即《大荒南經》的蓋猶，《史記・吳世家》吳國有公子蓋余，源自南島民族海上民族疍民，或在日本，詳見《大荒南經》。

有神人，八首人面，虎身十尾，名曰天吳。

注：天吳即虎，見上文《海外東經》。吳國的土著有苗族，崇拜白虎，所以現在蘇州有虎丘，《越絕書》傳說吳王闔閭死後，出現白虎，其實因為吳人崇拜白虎。分子人類學發現韓國的土著也是苗族的親緣民族，所以也崇拜虎。

大荒之中，有山名曰鞠陵，於天東極，離瞀，日月所出。

注：鞠 kiuk 源自阿爾泰語的青色 kok，就是青丘，青丘在大地的東極，所以鞠陵也在東極。

名曰折丹，東方曰折，來風曰俊，處東極以出入風。

注：《山海經》的四方名和四方風名在商代甲骨文有記載，胡厚宣已有考證。我發現都是源自外語，四方名都是源自印歐語或突厥語，四方風名都是源自蒙古語，東方的波斯語是 sarq，土耳其語是 sark，顯然就是折的來源。

東方的蒙古語是 züün，也即宇文的語源，宇文因為在東部而得名，《魏書》卷一百三：「匈奴宇文莫槐，出於遼東塞外，其先南單于遠屬也，世為東部大人，其語與鮮卑頗異。」這是一個古老的世界同源字，讀音接近印歐語的東方 ivant，黎巴嫩 Labano、黎凡特 Levant 都是因為在地中海的東部得名，源自意大利語的東方。也接近馬來語的 timur、漢語的東，詞頭的 t 脫落就成了 imur，再變成宇文，因為蒙古人和印歐人從南方向北遷。

東海之渚中有神，人面鳥身，珥兩黃蛇，踐兩黃蛇，名曰禺虢。黃帝生禺虢，禺虢生禺京，禺京處北海，禺虢處東海，是為海神。

注：北海即渤海，海神禺京無疑就是鯨魚。因為鯨魚追逐魚群捕食，所以漁民利用鯨魚尋找魚群，稱為海神。廟島群島漁民，稱鯨魚為趕魚郎。司馬相如《上林賦》：「鰅鰫鰬魠，禺禺鱋魶。」《集解》引徐廣注鰅：「皮有文，出樂浪。」又說：「禺禺，魚牛也。」《逸周書·王會》：「揚州：禺禺，魚名。」〔註2〕揚州在良夷、發人之間，在東北方。《說文》：「鰅，皮有文，出樂浪東暆。」《三國志·魏書·東夷傳》穢：「其海出班魚皮。」漢代的東暆縣在樂浪郡東部，即穢人之地，朝鮮人柳得恭《四部志》釋鰅為朝鮮人俗稱的水牛，即海豹，朝鮮人李丙燾認為海豹產於元山灣以北海域。〔註3〕譚其驤主編《中國歷史地圖集》既引此說，又定此縣在今韓國江原道的江陵。〔註4〕江陵似乎偏南，東暆縣似應在今元山灣。《管子·揆度》：「發、朝鮮之文皮。」《輕重甲》：「發、朝鮮不朝，請以文皮、毤服而以為幣乎……一豹之皮，容金而金也，然後八千里之發、朝鮮可得而朝也。」源自東南亞的南島語系毛利語的海狗是 oioi，很接近《上林賦》所說的禺禺，或許是同源字。鱋魶很可能是鰡魶的訛誤，就是膃肭獸，也就是海狗。海狗是海獅科海狗亞科動物，北半球的海狗，夏季向北游到白令海，冬季則南遷到加利福尼亞、日本海等地，偶而見於中國黃海。體被剛毛和短而緻密的絨毛，又名毛皮海獅，中國人稱為海龍皮。

唐代顧況《送從兄使新羅》詩云：「水豹橫吹浪，花鷹迴拂霄。」水豹應即海豹。《楚辭·河伯》：「魚鱗屋兮龍堂，紫貝闕兮珠宮。靈何惟兮水中，乘白黿兮逐文魚，與女遊兮河之渚。」《太平御覽》卷九〇〇引《齊地記》：「東萊牛島上，常以五月海牛產乳。海牛形似牛，而無角，騂色，虎聲，爪牙亦如虎，腳似鼉魚，尾似鯰魚。尾長尺餘，其皮甚軟，可供百用。牛見人奔入水，以杖擊鼻則得之。」從爪像虎來看，肯定是海豹，因為海豹有爪而海獅無爪。正是因為像虎，所以才被人稱為海豹。所以禺䝔，一作禺虢，即從虎。北宋朱彧《萍州可談》卷二：「元祐間，有攜海魚至京師者，謂之海哥。都人

〔註2〕黃懷信、張懋鎔、田旭東：《逸周書匯校集注》，上海：上海古籍出版社，2007年，第825頁。
〔註3〕張錫彤、王鍾翰、賈敬顏、郭毅生、陳連開等：《〈中國歷史地圖集〉釋文匯編·東北卷》，中央民族學院出版社，1988年，第42頁。
〔註4〕譚其驤：《中國歷史地圖集》，第二冊第28頁。

競觀，其人以檻真魚，得金錢則呼魚，應聲而出，日獲無算。貴人傳召不少暇。一日，至州北李駙馬園，放入池中，呼之不復出，設網罟百計，竟失之。李園池沼雄勝，或云三殿幸其第愛賞，以為披香，太掖所不及。海哥，蓋海豹也，有斑文如豹而無尾，凡四足，前二足如手，後二足與尾相紐如一。登萊傍海甚多，其皮染綠，可作鞍韉。」海豹稱為海哥，哥的讀音接近虛的上古音。

北宋沈括《夢溪筆談》卷二一：「嘉祐中，海州漁人，獲一物，魚身而首如虎，亦作虎文，有兩短足在肩，指爪皆虎也，長八九尺，視人則淚下，舁至郡中，數日方死。有父老云，昔年曾見之，謂之海蠻師，然書傳小說未嘗載。」〔註5〕海蠻師的名字是海獅或海豹，海蠻可能是海豹的音訛。但是有爪似虎，無疑是海豹，而不是海獅。古人統稱為海蠻師，是沒有分清。

韓國東南部的蔚山西北有大谷裏岩畫非常出名，畫有大量鯨魚、海豚、海龜、野獸、人物、海船。

韓國蔚山大谷里岩畫〔註6〕

有招搖山，融水出焉。有國曰玄股，黍食，使四鳥。

注：招搖山，在今威海東部的逍遙港，附近有溫泉，故名融水。《海外東經》說玄股國人捕魚，逍遙河流入海邊的逍遙港，位置符合。

〔註5〕〔宋〕沈括：《夢溪筆談》，上海：上海書店出版社，2003年，第185頁。
〔註6〕〔日〕江上波夫等：《日本民族と日本文化》，東京：山川出版社，1992年，第141～142頁。

有困民國，勾姓而食。有人曰王亥，兩手操鳥，方食其頭。王亥託於有易、河伯僕牛。有易殺王亥，取僕牛。河念有易，有易潛出，為國於獸，方食之，名曰搖民。帝舜生戲，戲生搖民。

注：困 kun 源自突厥語的太陽 gunes，也即君子國的由來。

海內有兩人，名曰女丑。女丑有大蟹。

注：大蟹是來自日本海的帝王蟹，東漢郭憲《漢武帝別國洞冥記》卷三：「善苑國嘗貢一蟹，長九尺。」又說此國貢一種大如蒼蠅、毛色豔麗的小鳥，我已經論證是來自阿拉斯加的蜂鳥，說明此國在日本海附近。

大荒之中，有山名曰孽搖頵羝，上有扶木，柱三百里，其葉如芥。有谷曰溫源谷。湯谷上有扶木。一日方至，一日方出，皆載於鳥。

注：頵羝 kuən-tyei，即君子國，源自突厥語的太陽 gunes。

有神，人面、犬耳、獸身，珥兩青蛇，名曰奢比尸。有五采之鳥，相鄉棄沙。惟帝俊下友。帝下兩壇，採鳥是司。

注：奢比尸已見上文《海外東經》解釋。五彩鳥是鳳凰，帝俊是舜，舜的父親瞽瞍是樂官，是少暤部落中地位最高的氏族，少暤氏以鳳為紀，所以帝俊（舜）崇拜鳳凰。

大荒之中，有山名猗天蘇門，日月所生。有塤民之國。有綦山。又有搖山。有䰝山。又有門戶山。又有盛山。又有待山。有五采之鳥。東荒之中，有山名曰壑明俊疾，日月所出。有中容之國。

注：這一段講的主要是在今榮成、威海的山。蘇門山即今榮成最南部海中的蘇山島，古代又名蘇門山。蘇山島之北又有二山子島、三山子島，中間是海峽，故名為門。猗天，或許是倚天之誤，蘇山島很矮，因為被看成是日月出入之地，所以被附會成倚天的大山。蘇山島在膠東半島的東南部，所以被看成是日月出入之地。

門戶山，在今榮成中部，《太平寰宇記》卷二登州文登縣：「石門山，在縣東南八十里，山有二石聳立，高二丈，東西相去一丈，望之如門。」石門山即門戶山，則在今榮成中部。

盛山，即今榮成東北部的成山頭，盛通成。

待山，疑即今榮成南部的赤山，讀音接近，因為石頭赤紅而名赤山，唐

代日本僧人圓仁，曾經在新羅人張保皋所建的赤山法華院登陸。〔註7〕又名斥山，《太平寰宇記》文登縣：「斥山，《爾雅》：東北之美者，有斥山之文皮焉。」斥山的文皮是斑海豹皮。

鼗明山，疑是榮成北部的雞鳴島，因為雞、鶴字形接近而誤為鶴鳴山，轉寫為鼗明。或許原名鶴鳴山，雞鳴島反而是後世誤寫。俊疾疑為峻極，《大雅‧嵩高》：「嵩高惟嶽，峻極於天。」

東北海外，又有三青馬、三騅、甘華。爰有遺玉、三青鳥、三騅、視肉、甘華、甘柤，百穀所在。有女和月母之國。有人名曰鵷，北方曰鵷，來之風曰狻，是處東極隅以止日月，使無相間出沒，司其短長。

注：商代卜辭的北方是宛，北風是殳，北方的印地語是 uttar，希臘語是 vorras，阿爾巴尼亞語是 veri，讀音近宛。殳的上古音是禪母侯部 zjio，北方的阿拉伯語是 samol，塔吉克語是 simol，土耳其語是 simal，北方稱為朔方源自北方民族的語言。

大荒東北隅中，有山名曰凶犁土丘。應龍處南極，殺蚩尤與夸父，不得復上。故下數旱，旱而為應龍之狀，乃得大雨。

注：凶犁的讀音接近高麗，《三國史記》記載高麗人的女祖先是河伯之女，高麗的原義是河流。應龍源自印歐語的蛇 yilan，見上文《海外北經》。應龍是水神，所以是雨神。

東海中有流波山，入海七千里。其上有獸，狀如牛，蒼身而無角，一足，出入水則必風雨，其光如日月，其聲如雷，其名曰夔。黃帝得之，以其皮為鼓，橛以雷獸之骨，聲聞五百里，以威天下。

注：東海裏的夔即今海豹。因為中國古代人認為最好的鼓是用夔的皮來做的，所以中國遠古管理音樂的人就叫做夔，大概和製作夔皮鼓有關。《尚書》的《舜典》說，舜命令夔這個人來管理音樂。波流山很可能在榮成，因為成山頭有兇惡的海流，海船經常在此失事。

有趣的是，黑龍江下游的鄂溫克語的海豹是 kuma，源自東南亞的南島語系毛利語的海豹是 kekeno，接近上古漢語的夔，或許有聯繫。

　　所以又名牛魚，《太平御覽》卷九三九引孫吳臨海太守沈瑩《臨海異物志》說：「牛魚，形如犢子，毛色青黃。好眠臥，人臨其上，及覺，聲如大牛，聞一里。」因為牛魚的叫聲很響，所以訛傳用牛魚皮做成的鼓，敲起來也很響，於是有了《山海經》聲聞五百里的傳說。

　　北宋樂史《太平寰宇記》卷二十登州文登縣說：「海牛島，《郡國志》云：不夜城北有海牛島，無角，紫色，足似龜，長丈餘，尾若鯰魚，性捷疾，見人則飛赴水。皮堪弓韇，脂可燃燈。海驢島，島上多海驢，常以八九月於此島乳產，皮毛可長二分，其皮水不能潤，可以御雨，時有獲者可貴。」〔註8〕古代文登縣不夜村（今屬榮成）北部的海島，出產海牛、海驢，在今榮成東北海驢島。中國古人所說的海牛是海豹，海豹沒有角，腳已退化，背部藍灰色，所以《太平寰宇記》說無角、紫色。海豹前肢雖然是魚鰭狀，但是都有五趾，趾間有蹼，所以說腳像龜。但是海豹的後肢不能像海獅、海像那樣行走，《太平寰宇記》說尾像鯰魚，其實是海豹退化的後肢。海豹皮堅固有彈性，所以可以做弓韇，即盛弓箭的袋子。《太平寰宇記》說的海驢，是今天中國人所說的海狗。雄海狗在繁殖季節，要搶佔地盤，所以《太平寰宇記》說在海驢島，每年八九月，有海驢聚集生產。這條的描寫也很準確，說明這兩條記載比較可信。每年11月，都有大群斑海豹從朝鮮的西部出發，到達中國的遼東、膠東沿海，繁衍後代，次年5月，再返回朝鮮。中國渤海的斑海豹繁殖地是全世界最南的海豹繁殖地，靠近人口密集地。

第二節　《大荒南經》

　　南海之外，赤水之西，流沙之東，有獸，左右有首，名曰跳踢。有三青獸相併，名曰雙雙。

　　注：據《呂氏春秋‧本味》是述蕩，在赤水（恒河）之西，則在今印度西北，即《大唐西域記》卷四的設多圖盧國（Satadru），在今沙爾亨德（Sarhind），其東南接近恒河上游，〔註9〕靠近《海外南經》開頭的結匈國（今古魯）。

　　有阿山者。南海之中，有氾天之山，赤水窮焉。赤水之東，有蒼梧之野，舜與叔均之所葬也。爰有文貝、離俞、鴟久、鷹、賈、委維、熊、

〔註8〕〔宋〕樂史撰、王文楚等點校：《太平寰宇記》，第412頁。
〔註9〕〔唐〕玄奘、辯機原著、季羨林等校注：《大唐西域記校注》，第375～376頁。

羆、象、虎、豹、狼、視肉。

　　注：蒼梧是梧蒼的附會，梧蒼即玄奘《大唐西域記》的烏萇那國。

　　有榮山，榮水出焉。黑水之南，有玄蛇，食塵。

　　注：榮山、榮水即《大唐西域記》卷十二淫薄健國（Yamgan），在今阿富汗科克查河上游的紮姆（Jarm）河流域，gan 即波斯語的城市 kand。上古音的榮是喻母耕部 jieng，接近 Jram。《山經》的黑水是阿姆河，恰好是在阿姆河之南，完全符合。

　　有巫山者，西有黃鳥。帝藥，八齋。黃鳥於巫山，司此玄蛇。大荒之中，有不庭之山，榮水窮焉。

　　注：不庭之山是榮水窮處，上古音的不是幫母之部 piuə，庭是定母耕部 dyeng，即巴達赫尚的簡譯。扎姆（Jarm）河恰好是在巴達赫尚的首府注入噴赤河（黑水），完全符合。《西次三經》崑崙山：「黑水出焉，而西流於大杅。」我已指出，即大夏。其西的軒轅丘：「洵水出焉，南流注於黑水。」可知黑水從帕米爾高原西流，是噴赤河。〔註10〕

　　黃鳥即《海外西經》黃鳥，也即高山的禿鷲，因為能吃蛇，所以司蛇。帝藥即不死之藥，被羅睺偷吃，成為刑天，所以《海外西經》的三身一臂國靠近刑天的常羊山。

　　有人三身。帝俊妻娥皇，生此三身之國。姚姓，黍食，使四鳥。有淵四方，四隅皆達，北屬黑水，南屬大荒。

　　注：三身國，是三面國之誤，三面即噴赤河上游的商彌國，《大唐西域記》在淫薄健國之下第四條，商彌、三面是異譯，也可能源自印度教的三頭神。北面的黑水，就是阿姆河的源頭瓦罕河。

　　北旁名曰少和之淵，南旁名曰從淵，舜之所浴也。

　　注：少和之淵在烏仗那國，其下就是羽民國（羽氏，烏仗那）。《大唐西域記》卷三烏仗那國：「瞢揭釐城東北行二百五六十里，入大山，至阿波邏羅龍泉，即蘇婆伐窣堵河之源也。」蘇婆伐窣堵河（Subhavastu）即今斯瓦特（Swat）河，上古音的少是審母宵部 sjiô，和是匣母歌部 huai，少和即 Subhava

---

〔註10〕周運中：《〈山海經〉崑崙山位置新考》，《中國歷史地理論叢》2008 年第 2 期。

的音譯，少譯 sub，和譯 hava，少和之淵是斯瓦特河源的龍泉。

其南的從淵，在斯瓦特河東南，應在印度河上游，即烏仗那國之下第三條僧訶補羅國（Simhapura）。〔註11〕從的上古音是從母東部 dziong，接近 simha。慫、縱等字的聲旁是從，但是讀音是 song。現在吳語等方言的從讀 song，湘語等方言的從讀 tsen。從和曾的語義相通，從前即曾經。

又有成山，甘水窮焉。有季禺之國，顓頊之子，食黍。有羽民之國，其民皆生毛羽。有卵民之國，其民皆生卵。

注：成山是甘水窮處，甘水即喀布爾河（Kabul），甘的上古音是見母談部 kam，因為 b、m 都是唇音，所以讀音極近。喀布爾河注入印度河處，靠近《大唐西域記》卷二健馱邏國的跋魯沙城，在今白沙瓦東北六十五公里，有彈多落迦山，玄奘說舊譯為坦特山，《洛陽伽藍記》作善持山，〔註12〕音近成。

季禺國即健馱邏 Gandhāra，在今喀布爾河下游。上古音的季是群母質部 giet，禺是疑母侯部 ngio，季禺 giet-ngio 即 Gandhāra，因為 t、d 極近，所以用季 giet 譯 gand 極好。ng、h 都是喉音，元音 o、a 也比較近。

大荒之中，有不姜之山，黑水窮焉。

注：不姜之山是黑水窮處，黑水是阿姆河，則不姜在阿姆河下游，應即古國布哈拉（Bakhra），姜的上古音是見面陽部 kiang，布哈拉在阿姆河中游，上古時期再往下游都屬此地。

又有賈山，汔水出焉。

注：賈山是汔水的源頭，汔水的讀音同乞，上古音是見母物部 kiət，即《大唐西域記》卷三迦濕彌羅國（克什米爾）的訖利多族，玄奘說：「鄰境諸國鄙其賤種，莫與交親，謂之訖利多（唐言買得）。」汔的讀音 kiət 非常接近訖利多 Krīta，梵文是買來，所以稱為賈山。

又有言山。又有登備之山。有恝恝之山。又有蒲山，澧水出焉。又有隗山，其西有丹，其東有玉。又南有山，漂水出焉。有尾山。有翠山。

〔註11〕〔唐〕玄奘、辯機原著、季羨林等校注：《大唐西域記校注》，第 313 頁。
〔註12〕〔唐〕玄奘、辯機原著、季羨林等校注：《大唐西域記校注》，第 256～259 頁。

注：登備即《海外西經》登葆山，是西藏。上古音的怾怾 kat-kat 讀音接近古格、廓爾喀，在今西藏的札達縣。蒲山在今普蘭縣，蒲、普音近，普蘭的語源或以為源自雪山，普蘭縣北部有著名的岡仁波齊峰，四周是高山。澧水即薩特累季河 Sutlej，上古音的澧 lyei 接近 lej，上游出自普蘭縣，稱為朗欽藏布（象泉河）。其南有山，是喜馬拉雅山，所出漂水就是恒河。恒河的源頭在薩特累季河源頭之南不遠，恒河非常重要，不應不提。玄奘《大唐西域記》卷四窣祿勤那國：「閻牟那河東行八百餘里，至殑伽河……彼俗書記，謂之福水。」恒河的別名是福水 punyodaka，punyo 的讀音接近漂。

有盈民之國，於姓，黍食。又有人方食木葉。

注：盈民 jieng-mien 之國是亞穆納河（Yamuna）的音譯，亞穆納河正是在薩特累季河（象泉河）之東。應是亞穆納河邊的秫菟羅國 Mathura，即今馬圖拉。是婆羅門教的中心，遍入天派的前身薄伽梵派在此產生。最早統治此地的家族是 Yadu 或 Yādava，音譯為於姓。玄奘稱此地盛產庵沒羅果（芒果），[註13] 原圖畫的是吃芒果，芒果的形狀類似樹葉，看圖的人誤解。當時的芒果還是外地罕見的水果，所以原圖作者畫出。

有不死之國，阿姓，甘木是食。

注：源自印度的不死神話，按照上下文的位置是秫菟羅國北部的薩他泥濕伐羅國 Sthānesvara 意思是自在之地，[註14] 玄奘稱為福地，此地人：「家室富饒，競為奢侈，深閑幻術，高尚異能，多逐利，少務農，諸方奇貨，多聚此國……天祠百餘說，異道甚多。」其東部，亞穆納河東岸的秫底補羅國：「不信佛法，敬事天神……天祠五十餘所，異道雜居。」甘木很可能是甘蔗。《海外南經》的羽民國在秫菟羅國，不死國也在附近。

大荒之中，有山名曰去痙。南極果，北不成，去痙果

注：去痙山，應是摩揭陀國的故都舊王舍城，建在山中，《大唐西域記》卷九《摩揭陀國下》：「從此大山中東行六十餘里，至矩奢揭羅補羅城（唐言上茅宮城）。上茅宮城，摩揭陀國之正中，古先君王之所都，多出勝上吉祥香茅，以故謂之上茅城也。崇山四周，以為外郭，西通峽徑，北闢山門。」矩奢揭

〔註13〕〔唐〕玄奘、辯機原著、季羨林等校注：《大唐西域記校注》，第 379～381 頁。
〔註14〕〔唐〕玄奘、辯機原著、季羨林等校注：《大唐西域記校注》，第 388 頁。

羅補羅是梵語 Kusagrapura，kusa 是香茅，agra 是尖頂，pura 是城，〔註15〕香茅辟邪，所以去痎是音譯兼義譯，去痎即去除疾病。最高峰鷲峰 Grdhrakūta，讀音接近去痎 Kha-thjiet。

其北的不成，是吠舍釐國 Vaisāli，國名源自廣大 visāla，是恒河之北的大國，吠舍釐國南侵時，摩揭陀國王頻毘娑羅 Bimbisāra 在山的北麓修建了新王舍城。他的兒子阿闍世王 Ajātasatru 遷都新王舍城，他的孫子鄔陀耶王遷都華氏城 Pātaliputra。佛陀常到王舍城，成為佛教聖地。〔註16〕

南極果可能是誤字，原文是指去南極之地有裸國，指南印度南部的土著民族。裸誤為果，對應《淮南子・地形》的裸國。

南海渚中，有神，人面，珥兩青蛇，踐兩赤蛇，曰不廷胡余。

注：不廷胡余的讀音非常接近不丹的原名 Bhotanta，bhot 是西藏，anta 是末端，bhot 譯為不廷，anta 譯為胡余，余讀為塗。不丹的南面不遠就是恒河口，上古更靠海岸，所以被看成是海神。

有神名曰因乎，南方曰因，來風曰民，處南極以出入風。

注：南方曰因也是源自突厥語，南方的波斯語是 jonub，阿拉伯語是 janub，維吾爾語是 jenub。

南風曰民，也是源自蒙古語，南方的蒙古語是 omnozug，日語是 minami，日語受到阿爾泰語的影響。

有襄山。又有重陰之山。

注：襄的上古音 siang，接近錫金 Sikkim。不丹人自稱為 Zhugyü，意思是龍之地，讀音極近重陰。

有人食獸，曰季釐。帝俊生季釐，故曰季釐之國。

注：上古音的季釐 kiuet-liə，或許是梵語的山 giri，因為在山上，所以是打獵的民族。

有緡淵。少昊生倍伐，倍伐降處緡淵。有水四方，名曰俊壇。

〔註15〕〔唐〕玄奘、辯機原著、季羨林等校注：《大唐西域記校注》，第 718 頁。
〔註16〕〔唐〕玄奘、辯機原著、季羨林等校注：《大唐西域記校注》，第 587～588、620、744 頁。

注：上古音的倍伐 bə-biat 接近門巴，是門地的人。上古音的緡是 meən，也是門。門巴族聚居在今錯那縣，恰好在不丹之東。錯那的藏語意思是湖前，錯是湖泊，所以四方的緡淵是湖。

有䰇民之國。帝舜生無淫，降䰇處，是謂巫䰇民。巫䰇民肦姓，食谷，不績不經，服也。不稼不穡，食也。爰有歌舞之鳥，鸞鳥自歌，鳳鳥自舞。爰有百獸，相群爰處。百穀所聚。

注：巫䰇即《海外南經》䰇國，上文指出是緬甸的驃國，別名突羅朱、徒里拙音近䰇 tiet。無淫、肦，即驃 Prome 的音譯。

大荒之中，有山名曰融天，海水南入焉。

注：融天的上古音 jiuəm-thyən，接近《大唐西域記》卷十林邑西南的閻摩那洲 Yamana-dvipa，即海島，即《法顯傳》的耶婆提，是今爪哇島。海水南入，是指海水向南進入馬六甲海峽。印度人依靠信風，方便來往馬六甲海峽，所以歷史上南洋深受印度文化影響。

有人曰鑿齒，羿殺之。

注：即《海外南經》的鑿齒民，也即仡佬族。

有蜮山者，有蜮民之國，桑姓，食黍，射蜮是食。有人方扞弓射黃蛇，名曰蜮人。有宋山者，有赤蛇，名曰育蛇。有木生山上，名曰楓木。楓木，蚩尤所棄其桎梏，是為楓木。

注：《詩經·小雅·何人斯》：「為鬼為蜮，則不可得。」陸機《毛詩草木鳥獸蟲魚疏》：「蜮，如龜三足，江淮水濱皆有之。人在岸上，影見水中，投人影則殺之，故曰射影也。南方人將入水，先以瓦石投水中。令水濁，然後入。或曰含細沙射人，入人肌，其創如疥。」龜是黽的形誤，蜮即蟈，蜮和蟈的聲旁相同，讀音接近，蟈是蛙黽，《周禮·秋官》：「蟈氏，掌去蛙黽。」《大戴禮記·夏小正》四月：「鳴蜮。蜮也者，或曰屈造之屬也。」《淮南子·說林》：「鼓造辟兵，壽盡五月之望。」高誘注：「鼓造蓋謂梟，一曰蛤蟆。」可見蜮是蛙類，《左傳》莊公十八年：「秋，有蜮，為災也。」服虔注：「短弧，南方盛暑所生，其狀如鱉，古無今有，含沙射人，入皮肉中，其瘡如疥，遍身中濩濩蜮蜮，故為災。」《穀梁傳》：「蜮，射人者也。」《說文》：「蜮，短狐也。似鱉，三足，以氣射害人。從蟲，或聲。蟈，蜮又從國。」《楚辭·大招》：「鰅鱅

短狐，王魁騫只。魂乎無南！蜮傷躬只。」可見短狐未必是蜮，或是附會。

南宋又有人提出蜮是變色蜥蜴，周去非《嶺外代答·蟲魚門》：「余在欽，一夕燕坐，見有似蜥蜴而差大者，身黃脊黑，頭有黑毛，抱疏籬之杪，張額四顧，聳身如將躍也。適有士子相訪，因請問之。答曰：此名十二時，其身之色，一日之內，逐時有異。口嘗含毒，俟人過，則射其影，人必病。」西漢揚雄《方言》卷八：「桂林之中，守宮大者而能鳴，謂之蛤解。」東晉郭璞注：「似蛇醫而短，身有鱗彩。」蛤解即蛤蚧，讀音也接近蜮、蠖。蜥蜴的舌頭也很長，體形接近蛇，所以黃蛇可能指蜥蜴。蜥蜴變色，詭譎多端，故名鬼蜮。主要在華南，所以《左傳正義》引《洪範五行傳》稱蜮出自南越，楚人所作的《大招》也稱在南方。因為很少出自中原，所以《左傳》偶有記載。《淮南子》稱鼓造辟兵，湖北荊門楚墓出土的避兵戈上的正是蜥蜴。

育是南之形誤，南蛇即蚺蛇，音近。南 nam 和冉 njam，源自侗臺語系語言的水 nam，指水蛇。明代謝肇淛《滇略》卷三：「蝻蛇產孟養山中。」孟養在今緬甸北部，緬甸蟒又名南蛇，即蚺蛇，體長接近 10 米。吃蟒蛇是南方越人的習俗，福建的簡稱閩源自蟒，閩是形聲字。桑姓、宋山源自侗臺語的象 sang，在今雲南或緬甸。楓木或許是紅色樹木，即紅木。

有人方齒虎尾，名曰祖狀之尸。

注：祖狀之尸（夷）就是尋傳蠻，唐代樊綽《蠻書》卷四：「尋傳蠻，閣羅鳳所討定也。俗無絲綿布帛，披波羅皮。跣足可以踐履榛棘，持弓挾矢射豪豬。生食其肉，取其兩牙，雙插髻傍為飾，又條豬皮以繫腰。」上古音的尋傳 ziuəm-tiuan，接近祖狀 tsa-dʒiang。尋傳蠻披波羅皮，就是虎皮，《蠻書》卷八：「大蟲謂之波羅密。」尋傳蠻插野豬牙，身披虎皮，正是方齒虎尾。《蠻書》卷二：「又有水……源出蕃中節度北，謂之諾矣江，南郎部落，又東折流至尋傳部落，與磨些江合……至尋傳，與東瀘水合，東北過會同川，總名瀘水。」卷六記載緬甸的北部有尋傳大川城，今人多以為尋傳是阿昌族。我認為尋傳蠻分布在今麗江西北部，是納西族的路路支系，路路是彝語支的老虎。不過滇西很多民族都有身披虎皮的風俗，從上下文看，應在滇西南，則是拉祜族。拉祜即黑虎，拉祜族源自滇西北。

有小人，名曰焦僥之國，幾姓，嘉穀是食。

注：即《海外南經》周饒（焦僥）。

　　大荒之中，有山名朽塗之山，青水窮焉。有雲雨之山，有木名曰欒。禹攻雲雨，有赤石焉生欒，黃本，赤枝，青葉，群帝焉取藥。

　　注：朽塗即印度，這是東遷的印度人，《華陽國志》卷四《南中志》記載永昌郡有身毒（印度）人。伊朗語讀 Sindhu 為 Hindu，天竺、賢豆譯自伊朗語 Hindu、Hinduk，印度譯自龜茲語 Indak。〔註17〕朽是曉母幽部 xiu，朽塗即印度，證明《山海經》的作者是塞人。雲南的南部多雨，所以有雲雨之山。紅色的欒木可能是雞血藤，因為纏繞如辮，故名為欒，欒的讀音同變。雞血藤有紅色的汁液，是重要的藥材，主要來自云南省的西南部。

　　有國曰伯服，顓頊生伯服，食黍。

　　注：伯服 pak-bək 或許源自濮 pok，濮水是今元江，漢代就有雙柏縣，或許源自越人，侗臺語的口門 bak 多譯為博。

　　有鼬姓之國。有苕山。又有宗山。又有姓山。又有壑山。

　　注：上古音鼬是 jiuk，接近玉的現代讀音，傣族女子的名字開頭都是玉，所以是傣族。玉不是姓，被誤認為姓。最末的《海內經》記載了西南的鼬，所以用鼬來翻譯玉。苕 dyô 的聲母就是刀，傣族的首領姓刀，南詔的詔就是王，古音也是刀。

　　宗就是壯族，讀音接近，在今雲南省的東南部和廣西。生的上古音 sreng，接近寧明縣南部的思陵水，或是漸廩洞（今防城港市那良鎮）。壑的上古音 hak 接近合 hap，或許在今合浦。

　　又有陳州山。又有東州山。又有白水山，白水出焉，而生白淵，昆吾之師所浴也。

　　注：陳的聲旁是東，閩南語的陳讀 tan，讀音接近疍，不知是否源自疍民。陳州山、東州山，在今雷州半島、海南島，雷州東海島有東山村。

　　白水山或許不是源自白水郎（疍民）居住地，而是白水的湖泊或海灣，海口東南有白水塘，陽西縣沿海有白沙、白水，陽西和陽江之間的海灣沿岸有白沙隴、白土，台山有白水帶，下川島有白水龍，白水山可能在這些地方。清代李調元《南越筆記》卷二：「陽春西南一百三十里有白水山……增城之西二十里有白水山……博羅東北三十里許有白水山……是為東粵三白水山

〔註17〕〔唐〕玄奘、辯機原著、季羨林等校注：《大唐西域記》，第 162、163 頁。

之勝。」

　　有人曰張宏，在海上捕魚。海中有張宏之國，食魚，使四鳥。

　　注：張宏即長肱，即《海外南經》東南海上的長臂國，也是蜑民，也即上條的白水郎。

　　有人焉，鳥喙，有翼，方捕魚於海。大荒之中，有人名曰驩頭。鯀妻士敬，士敬子曰炎融，生驩頭。驩頭人面鳥喙，有翼，食海中魚，杖翼而行。維宜苣苢、穋楊是食。有驩頭之國。

　　注：驩頭即鶴頭，可能是錯簡，即《海外南經》的驩頭，在今印度。也可能是海上的蜑民，驩頭的讀音接近混沌，即崑崙，南洋人被稱為崑崙。南海南部的崑崙島，《元史》卷一六二《史弼傳》稱為混沌大洋，明代黃衷《海語》稱為崑屯山。今惠東縣南部有吉隆河，注入海灣，吉隆即仡佬、崑崙。

　　帝堯、帝嚳、帝舜葬於嶽山。爰有文貝、離俞、鴟久、鷹賈、延維、視肉、熊、羆、虎、豹。朱木，赤枝、青華、玄實。有申山者。

　　注：此條本來是指九嶷山的舜葬，附會加上堯、嚳，又從《大荒北經》移來顓頊葬地的事物。北方的事物移到南方，證明《海經》的作者是北方人。朱木是南方的紅木，延維是維延、逶迤、委蛇，源自蜥蜴，見最末的《海內經》，《海內經》的延維接近苗民和蒼梧山可以證明。

　　大荒之中，有山名曰天台，高山，海水北入焉。

　　注：《道藏》本是海水北入，天台高山是臺灣島，臺灣是典型的高山島，臺灣島最北部靠近航路，很遠就可以看到大屯火山群，明朝與琉球的使者都會記載或畫出這些高山。北赤道暖流（黑潮）湧入臺灣海峽，即黑水溝，所以是海水北入，上文的海水南入是指馬六甲海峽。

　　東海之外，甘水之間，有羲和之國。有女子，名曰羲和，方浴日於甘淵。羲和者，帝俊之妻，生十日。

　　注：常義是常義之誤，常義是梵語月亮 chandra，則羲和是義和 ngai-hai，讀音接近波斯人的主神阿胡拉馬茲達 Ahura-Mazda，形象是太陽，源自太陽神，ahura 是太陽。梵語的太陽是 mahira，是同源字。娥皇音近，帝俊（舜）源自太陽 sun，所以帝俊和羲和結合。

有蓋猶之山者，其上有甘柤，枝幹皆赤，黃葉，白華，黑實。東又有甘華，枝幹皆赤，黃葉。有青馬，有赤馬，名曰三騅。有視肉。

注：蓋猶 kayo，源自南島民族的名字，日本九州島南部的隼人是 Haya，《日本書紀》卷九記載景行天皇西征，隼人的首領名字都以鹿文かや即 kaya 結尾，kaya 即 haya。甘柤、甘華是上條堯、舜、嚳之葬的錯簡，源自顓頊葬。

有小人，名曰菌人。

注：即《大荒東經》東南的小人靖人，菌即蕈，但讀音不同，上古音的菌是群母元部 guan，而蕈是定母侵部 dyəm。菌、囷源自形狀像冠 guan，而蕈源自環境在深濕處，所以讀音接近深 sjiuəm、濕 thyəp。馬來西亞的小黑人稱為 semang，菲律賓呂宋島的小黑人稱為 Aeta 或 Ayta，南宋趙汝适《諸蕃志》的三嶼（在今呂宋南部）譯為海膽，源自馬來語的黑色 hitam，亞齊語是 itam，也即漢語的黯淡 eəm-dam，蕈的讀音接近 hitam，或許是源自馬來語的黑色。《齊東野語》卷十三《林外》，稱福建南平江中有暗灘，稱為黯淡灘。

有南類之山。爰有遺玉、青馬、三騅、視肉、甘華。百穀所在。

注：南類是典型的侗臺語地名，南是水 nam，類可能源自俚、黎，《太平寰宇記》儋州風俗說：「俗呼山嶺為黎，人居其間，號曰生黎。」此山的位置，應在今東南沿海。

第三節　《大荒西經》

西北海之外，大荒之隅，有山而不合，名曰不周負子，有兩黃獸守之。有水曰寒暑之水。水西有濕山，水東有幕山。有禹攻共工國山。

注：不周山在今阿爾金山，幕即漠，即今庫姆塔格，濕山在車爾臣河，《西次三經》已釋。

有國名曰淑士，顓頊之子。有神十人，名曰女媧之腸，化為神，處栗廣之野，橫道而處。

注：淑士是塞人 Sakas 的音譯，女媧之腸是塞人的女祖先，希羅多德《歷史》記載塞人傳說女祖先下半身是蛇，1868 年，扎博林（I. E Zabelin）在烏克蘭梅利托波爾（Melitopol）的提姆巴爾卡（Tsimbalka）墳冢中發掘出一件

金當盧，長 41.4 釐米，上面有一個女神像，身體下方伸出十條蛇，最下面的兩條勾連，特別類似漢代常見的伏羲、女媧雙蛇勾連圖。我認為《山海經》的作者就是看到塞人的女祖先圖像，聯繫到中原的女媧圖，但是誤以為那十條蛇是從肚子裏散出的腸子。

有人名曰石夷，來風曰韋，處西北隅以司日月之長短。

注：商代卜辭，西風是彝，可見《山海經》顛倒了西方和西風。西方的字形，丁山認為是東，《說文》：「東，木垂華實。」又說：「棘，束也。從東，韋聲。」東讀為 ham，接近波斯語的西方 garb。西風是彝，上古音是以母脂部 jiei，讀音接近漢語的西，日語是 nishi。

有五采之鳥，有冠，名曰狂鳥。有大澤之長山。有白氏之國。

注：天山以南最大的大澤是羅布泊，也有可能是博斯騰湖。因為羅布泊上文已經說過，羅布泊遠離山脈，上文已經說過羅布泊南面的阿爾金山。此處的長山，很可能是博斯騰湖之北的天山。全書罕見氏，白氏是白民之誤，《海外西經》有白民，指羅布泊的白種人。

西北海之外，赤水之東，有長脛之國。有西周之國，姬姓，食谷。有人方耕，名曰叔均。帝俊生后稷，稷降以百穀。稷之弟曰台璽，生叔均。叔均是代其父及稷播百穀，始作耕。有赤國妻氏。有雙山。

注：《大荒北經》記載叔均為田祖，驅逐旱魃到赤水之北，《海內經》大比赤陰指周人的太姞在赤水之北，周人的有赤國妻來自赤水。

叔均 suk-kuən，即下文的北狄祖先始均 sei-kuən，源自突厥語的寒冷，圖瓦語是 sook，維吾爾語是 soghuq，烏茲別克語是 sovuq，土耳其語是 soguk，

波斯語是 srad，也即粟特 sogdian 的由來。圖瓦語的北方 songu cük，是同源字。蒙古國西北部的科布多河上游，元代稱為濆豁黑河，清代稱其北支為索果克河，我認為就是源自寒冷。

西海之外，大荒之中，有方山者，上有青樹，名曰櫃格之松，日月所出入也。

注：上古音的櫃格 gia-kak，松樹的哈薩克語是 qaragay，說明櫃格即源自突厥語的松樹。波斯語的松樹是 kâj，突厥語的 qara 是黑色，gay 和 kâj 同源。印地語的綠色是 harā，也是同源字，所以這個詞未必來自突厥人，也有可能來自其他族群。

西北海之外，赤水之西，有先民之國，食谷，使四鳥。

注：先民的讀音接近沙門 samana 和薩滿 saman，《大荒西經》的先民是印度的沙門，《大荒北經》的先民是東北的薩滿。

有北狄之國。黃帝之孫曰始均，始均生北狄。

注：始均見上文叔均。

有芒山。有桂山。有榣山。其上有人，號曰太子長琴。顓頊生老童，老童生祝融，祝融生太子長琴，是處榣山，始作樂風。有五采鳥三名：一曰皇鳥，一曰鸞鳥，一曰鳳鳥。

注：榣山可能是《西次三經》峚澤，在柴達木盆地，源自石油，今有油砂山。

有蟲狀如菟，胷以後者裸不見，青如猿狀。

注：此處的蟲泛指野獸，其實是旱獺，所以狀如兔。胸下不見，因為旱獺從洞口露出上半身。毛是褐色，所以說是青色，見上文《海內北經》。

大荒之中，有山名曰豐沮，玉門，日月所入。有靈山，巫咸、巫即、巫肦、巫彭、巫姑、巫真、巫禮、巫抵、巫謝、巫羅十巫，從此升降，百藥爰在。

注：玉門是崑崙山和田玉輸入中原的口門，豐沮是泉水，上古音的豐沮是 bong-tsia，意大利語的泉水是 fonte，對應漢字噴、潰，《公羊傳》昭公五年：「潰泉者何？直泉也。直泉者何？湧泉也。」f、b、p 等唇音字表示噴發、

勃發，英語的泉水 spring 也是春天。漢字的冬字原形是冰封泉口，上面是泉字的上半部分，中間的橫線表示封口，下面的仌是冰。漢語的冬是泉口冰封，英語的春天就是泉水，證明原來的季節文化相通。突厥語的泉水 bulak 接近滿語的河流 bira，漢語發的上古音是 buat，勃是 buət。捷克語的泉水是 pramen，兼有勃、發和噴、漬的讀音。

西有王母之山、壑山、海山。有沃之國，沃民是處。沃之野，鳳鳥之卵是食，甘露是飲。凡其所欲，其味盡存。爰有甘華、甘柤、白柳、視肉、三騅、璇瑰、瑤碧、白木、琅玕、白丹、青丹，多銀、鐵。鸞鳳自歌，鳳鳥自舞，爰有百獸，相群是處，是謂沃之野。有三青鳥，赤首黑目，一名曰大鵹，一名少鵹，一名曰青鳥。

注：見上文《海外西經》沃野、《海內北經》三青鳥考證。

有軒轅之臺，射者不敢西向射，畏軒轅之臺。大荒之中，有龍山，日月所入。有三澤水，名曰三淖，昆吾之所食也。

注：《大唐西域記》卷十二商彌國：「波謎羅川中有大龍池，東西三百餘里，南北五十餘里，據大曲嶺內，當贍部洲中，其地最高也。水乃澄清皎鏡，莫測其深。」波謎羅川是《新唐書》播蜜川，即今帕米爾河，上游有一些湖泊，三澤表示很多湖。

有人衣青，以袂蔽面，名曰女丑之尸。有女子之國。有桃山。有䖋山。有桂山。有於土山。有丈夫之國。

注：女丑見《海外西經》，青色是羌族服飾，漢代有青衣羌，今四川有青衣江。青是黑色，三青鳥是黑鵬，現在羌族和阿壩州藏族女性服飾以黑色為主。女子國即女國，在今阿里。

有弇州之山，五采之鳥仰天，名曰鳴鳥。爰有百樂歌儛之風。

注：弇州是印度，上古音的州是 tjiu，讀音接近。所以有五彩之鳥，也即孔雀之類。又有百樂歌舞之風，指印度的音樂和舞蹈。

有軒轅之國，江山之南，棲為吉，不壽者乃八百歲。

注：軒轅即和田，和田是長壽之鄉。江南之南是吉地，指天山之南是福地，天山以北的冬天很冷。

西海陼中，有神人面鳥身，珥兩青蛇，踐兩赤蛇，名曰弇茲。

注：弇茲即奄蔡，《史記·大宛列傳》：「奄蔡在康居西北可二千里，行國，與康居大同俗。控弦者十餘萬。臨大澤，無崖，蓋乃北海云。」大澤是裏海，所以說在西海渚中。

大荒之中，有山名曰月山，天樞也。吳姖，天門，日月所入。有神，人面無臂，兩足反屬於頭山，名曰噓。顓頊生老童，老童生重及黎，帝令重獻上天，令黎邛下地，下地是生噎，處於西極，以行日月星辰之行次。有人反臂，名曰天虞。

注：吳姖、吳回、天樞形近，下文又誤為天虞、黃姖，現在閩南語的黃讀ng，吳的上古音是疑母魚部 nga。梵語的火是 agni，俄語是 agon，音近吳回。吳回是火正，所以吳回是火。《史記·楚世家》：「帝乃以庚寅日誅重黎，而以其弟吳回為重黎後，復居火正，為祝融。吳回生陸終。」《水經注》卷二二《洧水》引《世本》：「陸終娶於鬼方氏之妹，謂之女隤。」兩足到頭上是對回的望文生義，其實是音譯。我已經考證了蚩尤戰敗後，鬼方融入炎帝部落的歷史。〔註18〕

有女子方浴月。帝俊妻常羲，生月十有二，此始浴之。

注：常羲即嫦娥，羲 xiai 是我 ngiai 的形誤。嫦娥是印歐語的月亮，梵語是 chandra，讀音接近，因為《山海經》原作者是印歐人。

有玄丹之山。有五色之鳥，人面有髮。爰有青鴍、黃鷔，青鳥、黃鳥，其所集者其國亡。

注：這是天葬風俗，屍體喂鳥，見《海外西經》。

有池，名孟翼之攻顓頊之池。

注：孟翼即今巴爾喀什湖，巴爾即突厥語的老虎 bars，也接近孟翼。古代中亞的裏海虎和新疆的老虎都已經滅絕，多水的地方多老虎，所以這個地名也是地名通名，未必就是巴爾喀什湖。

大荒之中，有山，名曰鏖鏊巨，日月所入者。

注：鏖鏊是矗的訛誤，矗巨即 cakupa，即《漢書》、《法顯傳》的子合國，

《洛陽伽藍記》卷五作朱駒波,《北史》作朱俱波,《大唐西域記》作斫句迦。在今葉城縣,接壤皮山縣。

有獸,左右有首,名曰屏蓬。

注:即《海外西經》并封,在今皮山。

有巫山者。有壑山者。有金門之山,有人名曰黃姬之尸。有比翼之鳥。有白鳥青翼,黃尾,玄喙。有赤犬,名曰天犬,其所下者有兵。

注:巫山即《海外西經》巫咸的登葆山。金門山是高原黃金的口門。比翼鳥是《海外南經》印度的命命鳥。天犬是高原的藏獒。

西海之南,流沙之濱,赤水之後,黑水之前,有大山,名曰崑崙之丘。有神人面虎身,有文有尾,皆白,處之。其下有弱水之淵環之,其外有炎火之山,投物輒然。有人,戴勝,虎齒,有豹尾,穴處,名曰西王母。此山萬物盡有。

注:見《西次三經》崑崙山。

大荒之中,有山名曰常陽之山,日月所入。

注:見《海外西經》常羊山。

有寒荒之國。有二人女祭、女薎。

注:見《海外西經》女祭、女戚。

有壽麻之國。南嶽娶州山女,名曰女虔。女虔生季格,季格生壽麻。壽麻正立無景,疾呼無響。爰有大暑,不可以往。

注:壽麻即漢代益州郡收靡縣的升麻,是解毒神藥,印度人所稱的不死神藥 Soma 就是升麻。印度教中的雷神因陀羅(Indra)和風神瓦由(Vayu),用 Soma 酒征服惡龍,Soma 神能擊退蟒蛇,[註 19] 其實是因為升麻能夠解毒。屈原《九歌‧大司命》:「折疏麻兮瑤華,將以遺兮離居。」疏麻即升麻,因為能夠起死回生,所以大司命要折下。離居,前人難以解釋,我認為很可能是濕婆的生殖崇拜物林伽 lingam,象徵生命力,所以要把升麻給林伽。

劉師培認為《逸周書‧王會》的州靡即壽麻,《呂氏春秋‧任數》:「西服

〔註 19〕馬維光:《神靈探秘——巡禮印度教、耆那教、印度佛教萬神殿》,世界知識出版社,2011 年,第 151 頁。

壽靡，北懷闢耳。」但是此處的壽麻在印度，而不是雲南的壽麻，因為雲南的尋甸縣不熱，也不是大平原。北回歸線穿過印度北部的核心地帶，所以印度人很早就發現夏至日的太陽直射北回歸線。北回歸線之南，更有無影的景象。《呂氏春秋・有始》：「白民之南，建木之下，日中無影，呼而無響，蓋天地之中也。」白民在《海外西經》，建木在《海內西經》（今本誤在《海內南經》），因為《呂氏春秋》時代還能看到從胡人原始地圖產生的《山海經》的別本，所以敘述略有不同，但也是指印度。《淮南子・地形》：「建木在都廣，眾帝所自上下，日中無景，呼而無響，蓋天地之中也。」《山海經》最末的《海內經》：「西南黑水之間，有都廣之野。」都廣之野在西北，但是在胡人的原始地圖上，建木和黑水、都廣之野、白民畫得很靠近。

唐代道宣《釋迦方志》卷三《中邊》：

> 所言名者，咸謂西域以為中國，又亦名為中天竺國。此土名賢，談邦之次，復指西宇而為中國。若非中者，凡聖兩說不應名中。昔宋朝東海何承天者，博物著名，群英之最。問沙門慧嚴曰：「佛國用何曆術，而號中乎？」嚴云：「天竺之國，夏至之日，方中無影，所謂天地之中平也。此國中原，影圭測之，故有餘分，致歷有三代、大小二餘增損，積算時輒差候，明非中也。」承天無以抗言。文帝聞之，乃敕任豫受焉。

印度認為中天竺是中國，劉宋何承天質問，沙門慧嚴回答，因為中天竺在夏至日是太陽直射，所以是天地之中。

印度北部有印度河、恒河大平原，而《山海經》的作者來自北部山地，所以說在壽麻之野沒有回聲。《釋迦方志》卷三：「謂雪山以南名為中國，坦然平正，冬夏和調，卉木常榮，流霜不降。自餘邊鄙，安足語哉？」這是以中天竺為中國，認為中天竺地勢平坦，氣候適中。

有人無首，操戈盾立，名曰夏耕之尸。故成湯伐夏桀於章山，克之，斬耕厥前。耕既立，無首，走厥咎，乃降於巫山。

注：耕的讀音接近刑天，也即印度神話的 Ketu，見上文《海外西經》、《海內西經》。

有人名曰吳回，奇左，是無右臂。

注：見上文吳回。

有蓋山之國。有樹，赤皮支幹，青葉，名曰朱木。

注：朱木或許是熱帶的紅木。

有一臂民。大荒之中，有山名曰大荒之山，日月所入。有人焉三面，是顓頊之子，三面一臂，三面之人不死，是謂大荒之野。

注：即《海外西經》的三身一臂國，源自印度神話。

西南海之外，赤水之南，流沙之西，有人珥兩青蛇，乘兩龍，名曰夏后開。開上三嬪於天，得《九辯》與《九歌》以下。此天穆之野，高二千仞，開焉得始歌《九招》。

注：夏朝的音樂源自西南，反映古代印度歌舞的影響，印度的濕婆是舞神，經常表現為跳舞的姿態。

有互人之國。炎帝之孫名曰靈恝，靈恝生互人，是能上下於天。

注：郝懿行認為互人是氐人之形誤，氐人在西南。上古音的靈恝 lyeng-khyat 接近林伽 lingam，源自濕婆的生殖崇拜。

有魚偏枯，名曰魚婦。顓頊死即復蘇。風道北來，天乃大水泉，蛇乃化為魚，是為魚婦。顓頊死即復蘇。

注：這是西南岩溶地貌常見的魚泉，現在西南有很多魚泉、魚洞地名，魚從地下河的出口噴出，春季下雨時容易發生，古人不明地下河另有源頭，誤以為是地下的蛇化成魚，我在《百越新史》第二章第一節有詳考。

有青鳥，身黃，赤足，六首，名曰鸀鳥。

注：蜀的讀音接近誦、隼，即《海內西經》的誦鳥、鶽。

有大巫山。有金之山。西南大荒之中隅，有偏句、常羊之山。

注：偏句是苗瑤族群的祖先盤瓠，即神話中開天闢地的盤古，漢代益州郡賁古縣在今雲南蒙自。

第四節 《大荒北經》

東北海之外，大荒之中，河水之間，附禺之山，帝顓頊與九嬪葬焉。爰有鴟久、文貝、離俞、鸞鳥、皇鳥、大物、小物。有青鳥、琅鳥、玄

鳥、黃鳥、虎、豹、熊、羆、黃蛇、視肉、璿、瑰、瑤、碧，皆出衛於山。丘方圓三百里，丘南帝俊竹林在焉，大可為舟。竹南有赤澤水，名曰封淵。有三桑無枝。丘西有沈淵，顓頊所浴。

注：本條原來誤入上一篇的末尾，應該在本篇的開頭，所以在東北部。三桑即《北次二經》的三桑，在今克什克騰旗。西面的沈淵是達來淖爾，達來是蒙古語的湖、海 dalai，東面的赤澤是崗更淖爾。附禺山源自夫餘，即魚 bya，古代稱魚兒泊，元代張德輝《嶺北紀行》：「過魚兒泊，泊有二焉，周廣百餘里，中有陸道，達於南北。」達來淖爾之北的砧子山突出在平地，有很多動物岩畫。

有胡不與之國，烈姓，黍食。

注：胡不與是東胡的扶餘，不與即扶餘。

大荒之中，有山，名曰不咸。有肅慎氏之國。有蜚蛭，四翼。有蟲，獸首蛇身，名曰琴蟲。

注：不咸是神，神的梵語是 bhaga，波斯語是 baǧ，波蘭語是 bóg，蒙古語是 burkhan，不咸山應該是肅慎（女真）人的神山長白山。獸首蛇身的怪獸，就是紅山文化的玉豬龍。

有人名曰大人。有大人之國，釐姓，黍食。有大青蛇，黃頭，食麈。

注：大人指體型高大，是北方民族。

有榆山。有鯀攻程州之山。

注：榆山源自榆樹，在今通榆縣的興隆山，有亞洲最大的蒙古黃榆林，面積 50 平方公里，附近有 4000 多年前的敖包山遺址，興隆山是東北平原去大興安嶺的重要地標。程州 deng-tju 和下文的始州、成都，都是沙陀（沙漠），英語的沙 sand、鹽 salt 是同源字，鹽分太高的地方都是荒漠。現在通榆縣有白沙坨村，渾善達克沙漠也有沙地榆樹林，這是很多地方都有的景象。

大荒之中，有山名曰衡天。有先民之山。有槃木千里。

注：衡天山是大興安嶺，盤木千里指森林，槃木指大樹。先民是薩滿，《三朝北盟會編》卷三：「兀室姦猾而有才，自制女真法律、文字，成其一國。國人號為薩滿，薩滿者，女真語巫嫗也，以其通變如神。」

有叔歜國。顓頊之子，黍食，使四鳥：虎、豹、熊、羆。有黑蟲如熊狀，名曰獵獵。有北齊之國，姜姓，使虎、豹、熊、羆。

注：叔歜是圖瓦語的北方 songu cuk，黑熊是東北常見的猛獸，北齊 pək-dzei 或許是蒙古語的博格達 bogda，是神聖，不太可能是北遷的姜姓齊國，姜姓是漢人的誤解。博格達時常是山名，在今大興安嶺。

大荒之中，有山名曰先檻大逢之山，河濟所入海北注焉。其西有山，名曰禹所積石。有陽山者。有順山者，順水出焉。有始州之國，有丹山。有大澤方千里，群鳥所解。

注：先檻是蒙古語的白色 cagan，大逢是蒙古語的嶺是 dabaa，即白山，是今大興安嶺，北流入海是黑龍江。其西的積石，即阿爾山火山噴發形成的石林。陽山是湯山，即溫泉山。源自阿爾山的哈拉哈河，流到新巴爾虎左旗，兩側有沙漠，始州是沙坨（沙漠）。哈拉哈河下游是烏爾遜河，即順水，烏爾遜是蒙古語的水 usu，《新唐書》卷二一九《室韋傳》俱輪泊（呼倫湖）西南有烏素固部，源自 usu。大澤是呼倫湖和貝爾湖，是鳥類繁衍之地。

有毛民之國，依姓，食黍，使四鳥。禹生均國，均國生役采，役采生修鞈，修鞈殺綽人。帝念之，潛為之國，是此毛民。

注：《新唐書‧室韋傳》俱輪泊（呼倫湖）東部有移塞沒（沒應作投）部，其東有塞曷支部，在啜河之南，是最強的部落，啜河也稱燕支河。役采即移塞投部，即《周書‧突厥傳》阿史那氏祖先伊質都泥師，也即希羅多德《歷史》所說的 Issedones。塞曷支部 Sakas 是東遷的塞人，在阿爾山和啜河（今綽爾河）之間。修鞈 siu-hap 是 Selcup 人，意思是林中人，現在葉尼塞河和鄂畢河之間有幾千人，Y 染色體是 Q 型，屬葉尼塞語系，現在多數改說突厥語。東北的 Selcup 是其同源民族。綽人源自綽爾河，毛民多毛，接近日本原住民阿依努人 Ainu，所以是依姓。

有儋耳之國，任姓，禹號子，食穀。北海之渚中，有神，人面鳥身，珥兩青蛇，踐兩赤蛇，名曰禺強。大荒之中，有山名曰北極天櫃，海水北注焉。有神，九首人面鳥身，名曰九鳳。又有神，銜蛇操蛇，其狀虎首人身，四蹄長肘，名曰強良。

注：九鳳是鷺，九頭是誇張。類似的鳥頭獸角，也出現在陝北。上文已

經指出《大荒東經》的禺䝞是海豹，禺京是鯨魚，貝加爾湖有世界唯一的內陸湖泊海豹，所以此處也有禺號（海豹）。天櫃，是天樞之形誤。

大荒之中，有山名曰成都，載天。有人珥兩黃蛇，把兩黃蛇，名曰夸父。后土生信，信生夸父。夸父不量力，欲追日景，逮之於禺谷。將飲河而不足也，將走大澤，未至，死於此。應龍已殺蚩尤，又殺夸父，乃去南方處之，故南方多雨。

注：夸父見上文《海外北經》。成都就是遜都思部，又名孫都思，在蒙古國最北部到貝加爾湖之間，正是靠近大澤。

又有無腸之國，是任姓，無繼子，食魚。

注：即《海外北經》無腸國。

共工之臣名曰相繇，九首蛇身，自環，食於九土。其所歍所尼，即為源澤，不辛乃苦，百獸莫能處。禹湮洪水，殺相繇，其血腥臭，不可生谷，其地多水，不可居也。禹湮之，三仞三沮，乃以為池，群帝因是以為臺。在崑崙之北。

注：即《海外北經》相柳。

有嶽之山，尋竹生焉。大荒之中，有山名不句，海水入焉。

注：尋竹是大樹，說明在蒙古以北的森林地帶，海水指貝加爾湖。嶽 yak 疑是唐代的突厥阿特部 at，突厥語的馬是 at，又作 yont，音近。不句是唐代的僕固（僕骨）部，《新唐書》卷二一七下：「僕骨亦曰僕固，在多覽葛之東。帳戶三萬，兵萬人。地最北，俗梗驁，難召率。」在貝加爾湖以東。

有係昆之山者，有共工之臺，射者不敢北鄉。有人衣青衣，名曰黃帝女魃。蚩尤作兵伐黃帝，黃帝乃令應龍攻之冀州之野。應龍畜水，蚩尤請風伯雨師，縱大風雨。黃帝乃下天女曰魃，雨止，遂殺蚩尤。魃不得復上，所居不雨。叔均言之帝，後置之赤水之北。叔均乃為田祖。魃時亡之。所欲逐之者，令曰：「神北行！」先除水道，決通溝瀆。有人方食魚，名曰深目民之國，盼姓，食魚。有鍾山者。有女子衣青衣，名曰赤水女子獻。

注：蚩尤是柔然人，即烏拉爾語系族群，《南史》卷七九說蠕蠕：

其國能以術祭天而致風雪，前對皎日，後則泥潦橫流，故其戰
敗莫能追及。或於中夏為之，則不能雨，問其故，蓋以暖云。

柔然（蠕蠕）人能夠縱大風雨，蚩尤即蟲，蚩的下面就是蟲，蠕蠕也是
蟲。俄語的蟲是 cerv，讀音接近蚩尤。

係昆就是堅昆、鬲昆，在葉尼塞河流域。赤水是葉尼塞河，源頭有地名
克孜爾 Kyzyl，即突厥語的紅色。在今葉尼塞河和鄂畢河上游的居民，食魚。
赤水女子獻，上古音的獻和旱讀音接近。

旱魃是吉爾吉斯（柯爾克孜）人，《藝文類聚》卷一百引《神異經》：「南
方有人，長二三尺，袒身而目在頂上。走行如風，名曰魃。所之國大旱，一名
貉。」貉 hak 即吉爾吉斯 Kyrgyz，吉爾吉斯源自天鵝，古希臘語是 kúknos，
日語是鵠 kugui 或白鳥 hakucho，土耳其語是 kuğu，楚瓦什語是 akăš，讀音
接近點戛斯 Hakas，也即共工、庸回。印地語是 hans，高棉語是 hang，蒙古
語是 hun，對應鴻。緬語是 ngan，對應雁。所謂旱，其實是天鵝的讀音 han
的誤解。魃 bat 或即《元朝秘史》的巴亦惕人，科布多有 Bait 人。〔註20〕
天鵝的雅庫特語是 kuba，是突厥語和蒙古語的混合。目在頂上，源自鬼國
一目。

應龍在葉尼塞河上游，源自突厥語的蛇，見上文《海外北經》。應龍和旱
魃打敗蚩尤和夸父，其實是突厥人打敗烏拉爾語系族群。

涿鹿是多水之地的通名，《說文》：「涿，流下滴也。」涿的本字是豕，豬
喜歡在爛泥塘活動，此字的原意是渾濁之地。鹿、漉通假，涿、漉是一個字的
分化，又寫作濁鹿、獨鹿，即沮洳，上古音沮為精母魚部 tsia，洳為日母魚部
njia，濁為定母屋部 deok，涿為端母屋部 teok，鹿為來母侯部 lok。揚雄《方
言》卷七：「瀧涿謂之霑瀆。」〔註21〕瀧涿即涿瀧，亦即涿鹿。

涿鹿為水澤通名，《新唐書》卷一四四奚：「其國西抵大洛泊。」大洛即
涿鹿，即今達來諾爾。《元和郡縣圖志》卷四靈州：「長樂山，舊名達樂山，亦
曰鐸洛山，以山下有鐸洛泉水，故名。」鐸洛、達樂即涿鹿，《水經注·鮑丘
水》：「（泃河）西北流逕平谷縣，屈西南流，獨樂水入焉。」今平谷仍有獨樂
河，平谷東南的薊縣有獨樂寺，附近多泉。蒙古國的土拉河，唐代稱為獨樂
水。引申為草原，《春秋》昭公元年：「晉荀吳帥師，敗狄於大鹵。」《左傳》：

〔註20〕韓儒林：《元代的吉利吉思及其鄰近諸部》，《穹廬集》，第 398 頁。
〔註21〕〔漢〕揚雄著、周祖謨校箋：《方言校箋》，第 49 頁。

「晉中行穆子敗無終及群狄於大原。」《穀梁傳》:「中國曰大原,夷狄曰大鹵。號從中國,名從主人。」大鹵是戎狄語太原,鄭張尚芳指出即突厥語草原dala。《逸周書‧王會》北方的獨鹿在孤竹、令支、屠何、東胡、山戎之前,應在燕地之北。山谷,古英語是 dæl,俄語是 dolína,古斯拉夫語是 dolŭ,德語是 tal,冰島語是 dalur,其實就是涿鹿,山谷即多水的窪地。日語山谷是tani,或許也有關。蒙古語的達賴 dalai 是湖、海,音義皆近。食魚的深目民,在其北部的安加拉河,安加拉即魚,見上文《海外北經》。

　　大荒之中,有山名曰融父山,順水入焉。有人名曰犬戎。黃帝生苗龍,苗龍生融吾,融吾生弄明,弄明生白犬,白犬有牝牡,是為犬戎,肉食。有赤獸,馬狀無首,名曰戎宣王屍。

　　注:犬戎是依賴狗拉雪橇的民族,苗龍是蒙古語的馬 morin,融吾、融父即伊吾,即吐火羅語的馬 yakwe,源自雅庫特 yakut,ut 是複數,本名是 yak,源自玉 iok,因為馬來自雅庫特,所以名為融吾 yakwe。則弄明或許有誤字,別本作卞明,我認為可能是其明之誤,即吉黃,讀音接近。《海內經》說黃帝生駱明,駱明生白馬,下文提到馬狀的戎宣王屍,駱明即弄明,則白犬或許是白馬之誤,則《海內經》此段比《大荒經》晚出。

　　融吾即余吾,在貝加爾湖之北的骨利幹,《新唐書》卷二一七下:「骨利幹,處瀚海北⋯⋯產良馬,首似橐它,筋骼壯大,日中馳數百里。其地北距海,去京師最遠,又北度海則晝長夜短,日入亨羊胛,熟,東方已明,蓋近日出處也⋯⋯其大酋俟斤,因使者獻馬,帝取其異者,號十驥⋯⋯龍朔中,以玄闕州更為余吾州,隸瀚海都督府。」

　　有山名曰齊州之山、君山、灊山、鮮野山、魚山。

　　注:鮮野山即薩彥嶺,音近,薩彥即森林。魚山源自安加拉,安加拉是魚,見上文《海外北經》。

　　有人一目,當面中生,一曰是威姓,少昊之子,食黍。

　　注:一目人即鬼方,威、鬼音近,即點戛斯,即柯爾克孜族(吉爾吉斯人)。

　　有繼無民,繼無民任姓,無骨子,食氣、魚。

　　注:即《大荒北經》的無𦟘。

西北海外，流沙之東，有國曰中輈，顓頊之子，食黍。

注：中輈即都播 Tuba，也即圖瓦人 Tuvan。

有國名曰賴丘。有犬戎國，有神，人面獸身，名曰犬戎。

注：賴的讀音接近獺，上古音是複輔音是 talat，賴丘是阿爾泰山以北的帖良兀惕人 Telengut。

西北海外，黑水之北，有人有翼，名曰苗民。顓頊生驩頭，驩頭生苗民，苗民釐姓，食肉。有山名曰章山。

注：章的古音是 tiang，章山即唐努山 Tonu，音近。驩頭即 Hunt，即匈奴，t 是複數。

大荒之中，有衡石山、九陰山、洞野之山，上有赤樹，青葉，赤華，名曰若木。有牛黎之國。有人無骨，儋耳之子。

注：若木是塞人的光明神樹，見《海外西經》雄常。牛黎即《海外北經》柔利、留利，見《海外北經》。

西北海之外，赤水之北，有章尾山。有神，人面蛇身而赤，直目正乘，其瞑乃晦，其視乃明，不食不寢不息，風雨是謁。是燭九陰，是謂燭龍。

注：燭龍即《海外北經》燭陰。

第五節 《海內經》

東海之內，北海之隅，有國名曰朝鮮、天毒，其人水居。偎人、愛人。

注：天毒是夭毒之形誤，即沃沮，音近，在濊人之北，上文已經解釋濊人的名字源自海，所以是水居。沃沮的上古音 ok-tsia 非常接近沃椒 ok-tsiu、惡燋 ak-tsiô，《神異經·東荒經》：「東海之外荒海中，有山焦炎而峙，高深莫測，蓋稟至陽之為質也。海中激浪投其上，噏然而盡。計其晝夜，噏攝無極，若熬鼎受其灑汁耳。大荒之東極，至鬼府山臂，沃椒山腳，巨洋海中，升載海日。蓋扶桑山有玉雞，玉雞鳴則金雞鳴，金雞鳴則石雞鳴，石雞鳴則天下之雞悉鳴，潮水應之矣。」《太平御覽》卷六十引《玄中記》：「天下之強者，東

海之惡燋焉，水灌而不已。惡燋，山名，在東海南方三萬里。海水灌之即消，即沃椒也。」沃椒（惡燋）是火山，在今日本。日語的海潮是 oki，漢字寫成沖，沃沮（惡燋）疑即海潮中的島礁。

偎人、愛人，不是動詞，而是兩個族名。偎人是倭人，上古音的偎 uəi 接近倭。愛 ət 人是濊 hiuat 人，讀音接近。

西海之內，流沙之中，有國名曰壑市。西海之內，流沙之西，有國名曰氾葉。流沙之西，有鳥山者，三水出焉。爰有黃金、璿瑰、丹貨、銀鐵，皆流於此中。又有淮山，好水出焉。

注：壑市是喀什，《魏略》作竭石，《法顯傳》是竭叉，《往五天竺國傳》作伽師祗離，回鶻文《慈恩傳》是 Käš。

氾葉應該在喀什和噴赤河之間的要道，正是瓦赫什河 Vakhshab，ab 是河，讀音非常接近氾葉 ban-yab，氾是唇音，b 可以轉為 v，葉通卅 sap。

鳥山在塔吉克斯坦東南的帕米爾高原，噴赤河有支流穆爾加布河 Murghab，ab 是塔吉克語的水，murgh 有人說是高原，我認為是波斯語的鳥 morǧ，普什圖語是 marǧá，漢代的休循國在鳥飛谷，靠近此處。在今塔吉克斯坦境內，有金礦、銀礦、汞礦，都在噴赤河流域，這麼多礦產不可能在同一條小河，所以三水很可能是指噴赤河上游的很多支流。《世界境域志》說骨咄 Khutalan：「山中發現有金、銀礦。」骨咄在噴赤河和瓦赫什河之間。

淮山，出好水，好水是噴赤河的支流庫拉布河 Kulab，ab 是水，流經 Hulbuk 地區，kul、hul 讀音接近淮、好，在穆爾加布河和瓦赫什河之間。《漢書·西域傳》說大月氏統治的休密翕侯治和墨城，應即此處。即《世界境域志》所說骨咄和石汗那山地的 Kumijiyan 人，[註22]位置符合。

流沙之東，黑水之西，有朝雲之國，司彘之國。黃帝妻雷祖，生昌意。昌意降處若水，生韓流。韓流擢首、謹耳、人面、豕喙、麟身、渠股、豚止，取淖子曰阿女，生帝顓頊。

注：流沙之東、黑水之西，這個沙漠是黑水（阿姆河）西的卡拉庫姆。司彘國的人是豕喙、豚止，都是豬形，祖先是雷祖。令人想到《楚辭·招魂》：「西方之害，旋入雷淵，爢散而不可止些。幸而得脫，其外曠宇些。赤蟻若

象，玄蜂若壼些。五穀不生，叢菅是食些。其土爛人，求水無所得些。彷徉無所倚，廣大無所極些。」《大招》：「西方流沙，漭洋洋只。豕首縱目，被髮鬤只。長爪踞牙，誒笑狂只。」雷淵對應雷祖，豕首對應司彘。雷淵、雷祖令人想到雷翥澤，即今鹹海。雷翥源自花拉子模都城 Razh，〔註23〕或許源自波斯語的雷 rad。

豬的吐火羅語是 suwo，斯洛文尼亞語和馬其頓語是 svinja，挪威語是 svin，音近朝雲。韓流也是印歐語，希臘語的豬是 khoîros，立陶宛語是 kiaulė，音近韓流。

流沙之東，黑水之間，有山名不死之山。華山、青水之東，有山名曰肇山。有人名曰柏子高，柏子高上下於此，至於天。

注：黑水、青水是《海內西經》所說崑崙山所出的黑水、青水，不是中國西南的黑水，流沙在中國西北。黑水之間的柏高，即印歐語的巫師，所以有不死之山。柏高是莫高窟的莫高，源自印歐語的巫師，梅維恒提出漢語的巫字、武字的上古音為 Myag，來自原始印歐語的 magh-，意思是有力，也即現代語言 magic 的由來。〔註24〕《穆天子傳》說河宗氏的伯夭住在黃河上游，不僅祭祀河伯，還把崑崙山的地理告訴周穆王。伯夭顯然是外語音譯，因為夭是夭折，不是漢人的名字。我認為伯夭 pak-ngô，就是柏高 pak-gô，音近。玉門關靠近敦煌莫高窟，莫高之名，前人皆未得其本源，我以為莫高即柏高，上古音莫高 mak-gao，接近柏高 bak-kao，更接近印歐語巫師 magh-。所以莫高窟所在地，本是塞人祭祀之地，為和尚改造為佛窟，敦煌、玉門本是塞人東進之咽喉。

西南黑水之間，有都廣之野，后稷葬焉。爰有膏菽、膏稻、膏黍、膏稷，百穀自生，冬夏播琴。鸞鳥自歌，鳳鳥自儛，靈壽實華，草木所聚。爰有百獸，相群爰處。此草也，冬夏不死。

注：黑水（阿姆河）之間的都廣之野，即《海外西經》、《大荒西經》的沃野和栗廣之野，在今羅布泊，因為原圖的崑崙山畫得太小，所以誤以為黑水

〔註23〕王治來譯注：《世界境域志》，第 122 頁。

〔註24〕〔美〕梅維恒：《古代漢語巫（Myag）、古波斯語 Maguš 和英語 Magician》，夏含夷主編：《遠方時習——〈古代中國〉精選集》，上海古籍出版社，2008年，第 55～86 頁。

靠近都廣之野。《西次三經》羅布泊南部的密山有稷澤玉膏，使人誤以為后稷之葬在此，其實稷澤是源自稷。

南海之外，黑水、青水之間，有木名曰若木，若水出焉。

注：見《海外西經》雄常、《大荒北經》若木。

有禺中之國。有列襄之國。有靈山，有赤蛇在木上，名曰蝡蛇，木食。

注：蝡蛇即蚺蛇，見《大荒南經》。

有鹽長之國。有人焉鳥首，名曰鳥氏。

注：可能源自西南的鹽池，西南的鹽池是重要資源。

有九丘，以水絡之：名曰陶唐之丘、有叔得之丘、孟盈之丘、昆吾之丘、黑白之丘、赤望之丘、參衞之丘、武夫之丘、神民之丘。有木，青葉紫莖，玄華黃實，名曰建木，百仞無枝，有九欘，下有九枸，其實如麻，其葉如芒，大暤爰過，黃帝所為。有窫窳，龍首，是食人。

注：陶唐之丘可能是陶丘，在今山東定陶。昆吾之丘，靠近濮陽，《左傳》哀公十七年：「衛侯夢於北宮，見人登昆吾之觀。」《史記·楚世家》祝融八姓之昆吾，《正義》引《括地志》：「濮陽縣，古昆吾國也。昆吾故城在縣西三十里，臺在縣西百步，即昆吾墟也。」《左傳》昭公十七年梓慎說：「衛，顓頊之虛也，故為帝丘。」《史記·高祖本紀》稱濮陽（帝丘）四周有水環繞，山東陽穀縣與荏平縣有龍山文化時期的景陽岡古城群與教場鋪古城群，八個古城的形狀很像河中的沙洲。〔註25〕出景陽岡古城的沙土覆蓋整個遺址，說明是洪水淹沒。〔註26〕上古華北河湖很多，古人在水網之中的土丘建城，黃淮平原有很多防禦水災而堆起的沙基堌堆，〔註27〕即九丘的由來。建木，見《海內西經》。

有青獸，人面，名曰猩猩。西南有巴國。大暤生咸鳥，咸鳥生乘釐，乘釐生後照，後照是始為巴人。

〔註25〕趙輝：《中國新石器時代城址的發現與研究》，《古代文明》第 1 卷，文物出版社，2002 年。

〔註26〕劉莉：《中國新石器時代：邁向早期國家之路》，第 189 頁。

〔註27〕孫波：《黃淮下游地區沙基堌堆遺址辨析》，《考古》2003 年第期。

注：乘釐即車里、者闌，明代錢古訓的《百夷傳》說：「所居麓川之地，曰者闌，猶中國稱京師也。」李錦芳的《侗臺語言與文化》指出，者闌是侗臺語的 tse laan，tse 是城鎮，德宏傣語為 tse，經常譯為姐，laan 是百萬，也即瀾滄江的瀾，引申為廣大。我曾經指出，漢代在貴州的且蘭就是者闌，在今清鎮縣，唐代設清蘭縣。〔註28〕且蘭也是同源字，我已經論證伏羲氏出自西南，伏羲所居的成紀，又寫成長離，也是同源字。《水經注》卷十七《渭水》：「瓦亭水又南，逕成紀縣東，歷長離川，謂之長離水。右與成紀水合，水導源西北當亭川，東流出破石峽，津流遂斷。故瀆東逕成紀縣故城東，帝太皞庖犧所生之處也。」《逸周書·王會》附錄戰國人託名商代伊尹所寫的四方獻令：「正南：甌鄧、桂國、損子、產里、百濮、九菌，請令以珠璣、玳瑁、象齒、文犀、翠羽、菌鶴、短狗為獻。」產里也是同源字，郴州的郴，聲旁是林 lam，但是讀作 chen，其上古音是複輔音 tslam，也是同源字。讀音也接近漢語的城、柵，都是同源字。後照的照就是南詔的詔，詔是王。

有國名曰流黃辛氏，其域中方三百里，其出是塵土。有巴遂山，澠水出焉。

注：巴地盛產硫磺，重慶彭水、酉陽、貴州務川、道真、正安等縣都有硫磺地名，塵土是硫磺的訛誤。

又有朱卷之國。有黑蛇，青首，食象。

注：朱卷是朱堯之誤，即僬僥，指矮人，黑蛇即巴蛇。

南方有贛巨人，人面長臂，黑身有毛，反踵，見人笑亦笑，唇蔽其面，因即逃也。

注：贛巨人是猩猩，古代江西可能有猩猩。

又有黑人，虎首鳥足，兩手持蛇，方啖之。有嬴民，鳥足。有封豕。

注：黑人也是猩猩，虎首是指猩猩有尖牙，鳥足是指猩猩的手腳能握緊樹枝。封豕是大野豬。

有人曰苗民。有神焉，人首蛇身，長如轅，左右有首，衣紫衣，冠旃冠，名曰延維，人主得而饗食之，伯天下。

〔註28〕周運中：《秦漢歷史地理考辨》，第 209 頁。

注：延維應是維延、逶迤、委蛇，《莊子·達生》：「澤有委蛇……其大如轂，其長如轅，紫衣而朱冠。其為物也，惡聞雷車之聲，則捧其首而立，見之者殆乎霸。」即紅頭變色樹蜥，現在海南等地常見，俗稱為紅頭雷公馬。雷公源自蜥蜴的別名雷公蛇，馬是指其背部的鬣鱗類似馬鬃。波斯語是 eždeha 或 aždar，塔吉克語是 aždaho，阿塞拜疆語是 əjdəha，土耳其語是 ejderha，烏茲別克語是 ajdar，維吾爾語是 ejdiha，柯爾克孜語是 acıdaar，古音可擬為 asjdar。

有鸞鳥自歌，鳳鳥自舞。鳳鳥首文曰德，翼文曰順，膺文曰仁，背文曰義，見則天下和。又有青獸如菟，名曰菌狗。有翠鳥。有孔鳥。

注：鸞鳳、孔鳥都是孔雀，如兔的青獸是印度小貓鼬，古人用以捕鼠，困是由的形誤，類似狗而名鼬狗。雲南晉寧石寨山出土的文物有鎏金鼬蓋，還有鼬捕鼠銅戈。翠鳥的羽毛是古人珍重的商品，《淮南子·人間》稱嬴政利越之犀角、象齒、翡翠、珠璣而南征百越。

晉寧石寨山出土的鎏金鼬蓋、鼬捕鼠銅戈

南海之內有衡山。有菌山。有桂山。有山名三天子之都。南方蒼梧之丘，蒼梧之淵，其中有九嶷山，舜之所葬，在長沙零陵界中。

注：衡山可能是湖南衡山。菌山因為出產菌類得名，菌即，應是《淮南子·人間》的鐔城之嶺，在鐔城縣，在今湖南通道縣和廣西之間。桂山在桂陽

縣或桂林縣，或者是另外出菌、出桂的山。三天子都是黃山，九嶷山即今九
嶷山。

北海之內，有蛇山者，蛇水出焉，東入於海。有五采之鳥，飛蔽一
鄉，名曰翳鳥。又有不距之山，巧倕葬其西。

注：不距山即《大荒北經》不句山，即僕固。蛇水應是黑龍江，唐代稱望
建河 mang-gan，即蒙古，蒙古語的蛇是 mogoj，則望建河即蛇水。

北海之內，有反縛盜械、帶戈常倍之佐，名曰相顧之尸。

注：圖瓦語的北方是 songu cük，音譯為相顧，源自突厥語的寒冷，也即
粟特 sogdiana 的由來。上文解釋《海內西經》的貳負是林胡，危是塞人，危
也是被反縛，相顧之夷就是塞人。

伯夷父生西嶽，西嶽生先龍，先龍是始生氐羌，氐羌乞姓。

注：先龍即參狼，《水經注·羌水》：「羌水出羌中參狼谷。」羌水是今甘
肅省宕昌縣的白龍江支流岷江，《漢書·趙充國傳》記載羌人的先零種，西漢
所設的沈黎郡，也是同源字。先零、參狼、沈黎源自森林，讀音接近。芬蘭人
稱 Khanty 人為 sərän，稱 Mansi 人為 sarän，稱 Nenets 人為 sarän，都是森林
人。阿爾泰山之北的丁零也是同源字，源自森林。

氐羌乞姓，或有依據，《晉書》卷三《武帝紀》泰始十年（274 年）：「八
月，涼州虜寇金城諸郡，鎮西將軍、汝陰王駿討之，斬其帥乞文泥等。」卷三
八《扶風王駿傳》：「咸寧初，羌虜樹機能等叛，遣眾討之，斬三千餘級。」咸
寧初年是 275 年，可知乞文泥是羌族。〔註29〕

北海之內，有山，名曰幽都之山，黑水出焉。其上有玄鳥、玄蛇、
玄豹、玄虎、玄狐蓬尾。有大玄之山。有玄丘之民。有大幽之國。有赤
脛之民。

注：幽都即突厥人的聖山鬱督軍山 ütükän，又作於都斤、烏德鞬，是今
蒙古國杭愛山。《周書·突厥傳》：「可汗恒處於都斤山。」《金史·地理志上》
西京路群牧：「斡獨椀群牧，大定四年改為斡覩只群牧。」《金史·完顏匡
傳》：「會西南路通事黃摑按出，使烏都椀部。」《遼史》鬱督軍山有耶覩刮

〔註29〕溫少峰：《「氐羌乞姓」證》，中國《山海經》學術討論會編：《山海經新探》，
第 103 頁。

部，即吾禿婉部，〔註30〕也即鬱督軍。《遼史·百官志三》諸國有夷都袞國，即鬱督軍的異譯。《魏書·官氏志》：「壹鬥眷氏，後改為明氏。」壹鬥眷即鬱督軍，即光明，所以改名明氏。韓儒林據希瓦王阿布勒哈齊《突厥世系》注 Idi-qut，認為亦都護 Iduq-kut 是神聖幸福或神聖威武，我認為 Iduq 即壹鬥眷（鬱督軍），鬱督軍山是光明聖山。Iduq 就是休屠各的語源，簡譯為休屠或屠各，《晉書》卷九七：「屠各最豪貴，故得為單于，統領諸種。」因為休屠是神職部落，所以休屠王有祭天的金人，休屠王子是金日磾，日磾即印歐人的太陽神密特拉 mitra。休屠各的本義是神聖，所以屠各種最高貴。《晉書》卷一百九：「尋而宇文乞得龜，為其別部逸豆歸所逐。」乞得龜、逸豆歸也是同源字。

上文已經解釋共工是突厥人，所以《韓非子·外儲說右上》記載堯流放共工到幽州之都，就是幽都的訛誤。《史記·五帝本紀》作幽陵，指幽都是山，雖然也有依據，但是這種簡化使人看不到幽都的全名。

大玄山即圖瓦山 Tuvan，大玄讀音接近，即今唐努山。大幽國是唐努 Tonu，突厥語是豬，古突厥語是 tonguz（通古斯），土庫曼語是 doňuz，摩爾多瓦的突厥語 Moksa 語是 tuva，Erzya 語是 tuvo，圖瓦即豬。閩南語的豬是豬仔，讀作 tua，非常接近圖瓦 Tuva，這是因為圖瓦人是烏拉爾語系民族，祖先來自南方，所以有同源字。

有釘靈之國，其民從膝已下有毛，馬蹄善走。

注：即丁零，現在俄羅斯的阿爾泰共和國還有 Telengit 人，加拿大西海岸到阿拉斯加有 Tlingit 人，顯然都是丁零。我認為 teleng 就是英語 tree、漢語森林的同源字，柯爾克孜語的樹是 tarak，卡爾梅克語是 terek。希羅多德的《歷史》說，草原斯基泰人（塞人）之東，進入山地，有禿頭人阿爾吉派歐伊人 Alglppaei。山的另一面據說是山羊腿的人，他們另一面是在一年睡六個月的民族。山的另一面即阿爾泰山之北，再北更冷，所以說一年六個月睡覺。我認為蹄的讀音接近 tele，所以可能是誤傳。

〔註30〕《遼史》卷三三《營衛志下》時叛時服的國外十部有吾禿婉部，卷三六《兵衛志中》屬國軍有耶覩刮，卷四六《百官志三》最末的小部有耶覩刮部，卷九二《蕭奪剌傳》乾統元年（1101 年）：「復為西北路招討使，北阻卜耶覩刮率鄰部來侵。」卷九七《耶律斡特剌傳》壽隆五年（1099 年）：「復為西北路招討使，討耶覩刮部。」

馬蹄很可能源自丁零人的滑雪板，杜佑《通典》卷二百堅昆：「其國獵獸皆乘木馬，升降山磴，追赴若飛。」《新唐書》卷二一七《回鶻傳下》：「東至木馬突厥三部落，曰都播、彌列、哥餓支……多善馬，俗乘木馬馳冰上，以板籍足，屈木支掖，蹴則百步，勢迅激。」《元朝秘史》、《元史·地理志》《史集·部族志》記載元朝時這一地區的人們仍然使用木馬。木馬就是滑雪板，因為用起來如乘馬迅馳，故名木馬。〔註31〕

炎帝之孫伯陵，伯陵同吳權之妻阿女緣婦，緣婦孕三年，是生鼓、延、殳。始為侯，鼓、延是始為鍾，為樂風。

注：吳權即吳回，讀音接近，吳回源自梵語的火 agni，融入炎帝部落，見上文《大荒西經》。

黃帝生駱明，駱明生白馬，白馬是為鯀。

注：見《大荒北經》。

帝俊生禺號，禺號生淫梁，淫梁生番禺，是始為舟。番禺生奚仲，奚仲生吉光，吉光是始以木為車。

注：《呂氏春秋》卷十七《勿躬》：「虞姁作舟。」虞姁源自禺號，禺號是東海神，源自海豹。番禺在廣東，此處是指嶺南越人的海船。奚仲是西北草原民族，發明馬車，原來和番禺無關，被後代傳抄的人誤綴。

少皞生般，般是始為弓矢。帝俊賜羿彤弓素矰，以扶下國，羿是始去恤下地之百艱。

注：般可能是蠻，讀音接近。羿是《海外南經》射殺鑿齒（仡佬族）是羿，是南亞語系民族。

帝俊生晏龍，晏龍是為琴瑟。帝俊有子八人，是始為歌舞。

注：《大荒東經》少昊琴瑟，晏龍即雨神應龍，見《大荒北經》。

帝俊生三身，三身生義均，義均是始為巧倕，是始作下民百巧。后稷是播百穀。稷之孫曰叔均，始作牛耕。大比赤陰，是始為國。禹、鯀是始布土，均定九州。

注：義均的讀音非常接近吳回，也即鬼方共工氏，共工氏是音譯兼義譯，印歐人傳入很多工藝。大比赤陰對應《大荒北經》赤水之北的旱魃、《大荒西經》的有赤國妻，大比即太妣，赤陰是赤水之北。

炎帝之妻，赤水之子聽訞生炎居，炎居生節並，節並生戲器，戲器生祝融，祝融降處於江水，生共工，共工生術器，術器首方顛，是復土穰，以處江水。共工生后土，后土生噎鳴，噎鳴生歲十有二。

注：炎帝的妻子來自北方的突厥人，聽訞即突厥語的豬 tongus，也即黃帝的妻族彤魚氏，讀音接近。炎居即吐火羅語的馬 yakwe，源自雅庫特人 yakut，也即黃帝之子夷鼓，讀音接近。《國語·晉語四》司空季子說：「黃帝之子二十五人，其同姓者二人而已，唯青陽與夷鼓皆為己姓。青陽，方雷氏之甥也。夷鼓，彤魚氏之甥也。」彤魚氏、夷鼓氏同族，對應聽訞生炎居。

洪水滔天。鯀竊帝之息壤，以堙洪水，不待帝命。帝令祝融，殺鯀於羽郊。鯀復生禹，帝乃命禹，卒布土以定九州。

注：息壤是可以生息、生長的土壤，我老家稱海灘多水的沙土為 sik 沙子，我家鄉話的息也讀 sik，這種沙土有彈性，好像在呼吸，或許就是息壤之名的由來。古代黃河下游或許有這種沙土，故名息壤。《天問》：「鴟龜曳銜，鯀何聽焉？順欲成功，帝何刑焉？永遏在羽山，夫何三年不施？伯禹愎鯀，夫何以變化？」楚人認為鯀治水成功，《山海經》是楚人的系統，而《國語·周語》認為鯀治水失敗，禹才成功。大洪水迫使堯、舜、祝融等部落西遷到河南、山西，征服鯀部落，我已有考證。〔註32〕

〔註32〕周運中：《中國文明起源新考》，第 319～328 頁。

第九章 《山海經》山名分析

前人往往認為《山海經》和《禹貢》是最早的兩部地理學著作，但《山海經》的信息量是《禹貢》望塵莫及。《禹貢》記載 41 座山，不計重複，九州章 25 個，導山章 14 個，導水章 2 個。《山經》有 448 座山，《海經》有 152 座，其中《海外經》、《海內經》8 篇 25 座，《大荒經》4 篇 112 座，《海內經》1 篇 15 座，合計 600 座，其中同地同名重複 13 個，但《海內東經》所附《水經》有 17 座山，與《山海經》重複 6 座山，實際是 11 座山，總體還是 600 座山。

第一節　山名分類

《山海經》中的山名大體可以分為 12 類（？表示只是從字面上看可能有關）：

1. 地貌類：

（1）石：石脆山、積石山、石山（2 次）、碣石山、白石山、長石山、半石山、歷石山（？）、衡石山（？）

（2）沙：長沙山、白沙山

（3）色：黃山、翠山、大玄山

（4）高：高山、卑山

（5）形：獨山、岐山、孟門山（在今河南輝縣西，晉國要隘，《左傳・襄公二十三年》齊伐晉，入孟門）、平丘、天台山（一本作天台高山）、方山

（6）谷：橿谷山、合谷山、條谷山、谷山、鑿山

（7）火：炎火山

2. 礦產類：丹穴山（古書丹穴為丹砂礦，見《史記・貨殖列傳》）、玉山（3次）、錫山、銅山、瑤碧山、丹山、白玉山、金山

3. 氣候類：風雨山、雲山、雲雨山

4. 水文類：涇谷山、天池山、沮洳山、敖岸山、流波山、白水山

5. 天文類：明星山、日月山

6. 動物類：

（1）單名：長右（據原文，長右是一種猿）山、雞山（2次）、白馬山、豺山、龍山（2次）、堯山、蛇山（2次）、熊山、鯢山、龜山、渠豬山（？）、扶豬山（？）、魚山

（2）器官：龍首山、牛首山、鹿蹄山、熊耳山、蠱（一作蟲）尾山、虎尾山、鹿台山（？）、鳥危山（？）、兔床山（？）、樂馬山（？）

（3）群體：眾獸山、鳥山（2次）

（4）習性：鳥鼠同穴山（據歷代文獻及今人科學觀察，鳥鼠同穴現象在西北高原地區確實存在）、雁門山（《海內西經》：雁門山，雁出其間）

7. 植物類：

（1）單名：竹山（2次）、松山、柘山、葛山（2次）、槐山、荊山（2次）、柴桑山、蕭山、英山（？）、萊山（？）、空桑山（？）、芒山、桂山（4次）、桃山、榆山、蒼梧山

（2）果實：松果山、甘棗山

（3）森林：苟林山（？）、吳林山

8. 交通類：太行山、鼓隥山（《穆天子傳》記載所升之長松之隥、髭之隥、三道之隥、九河之隥、大北之隥、闖軨之隥都在今山西境內，鼓隥山也在今山西，隥為石階）、少陘山

9. 神人類：天帝山、皇人山、中皇山、西皇山、天山、軒轅山（2次）、陽帝山（？）、帝都山、巫山（2次）、大巫山、三天子鄣（一作三天子都）山、王母山、不死山

10. 歷史類：禹攻共工國山、鯀攻程州山、禹所積石山

11. 器物類：鼓鍾山、琴鼓山、鬲山、帝囷山、盂山、王屋山、少室／太室山（？）、堂庭山（？）

12. 相對性地名：

（1）頭尾相對：旄山之尾、非山之首、剛山／剛山之尾、虢山／虢山之尾、葛山之首／葛山之尾、箕尾山（？）、申山／申首山、首山（？）。《史記·張儀傳》有燕王獻「恒山之尾五城」，看來山首、山尾為古人習用。

（2）大（太）小（少）相對：太華山／小華山、時山／大時山、小次山／大次山、小咸山／大咸山／少咸山、少山、泰山、太山、少室山／太室山

（3）方位相對：南山、陰山（3次）、北嶽山、陽山、姑射山／北姑射山／南姑射山、前山（？）

（4）其他：申山／上申山

《左傳·宣公三年》：

> （周）定王使王孫滿勞楚子，楚子問鼎之大小、輕重焉。對曰：
> 「在德不在鼎。昔夏之方有德也，遠方圖物，貢金九牧，鑄鼎象物，
> 百物而為之備，使民知神奸。故民入川澤、山林，不逢不若。魑魅
> 魍魎，莫能逢之。用能協於上下，以承天休。」

古人害怕山林中的鬼怪，所以鑄在鼎上。古人進入山林是為了財富，《國語·周語上》邵公說：「民之有口，猶土之有山川也，財用於是乎出，猶原隰之有衍沃也，衣食於是乎生。」《周語下》單穆公曰：「《夏書》有之曰：『關石和鈞，王府則有。』《詩》亦有之曰：『瞻彼旱麓，榛楛濟濟。愷悌君子，干祿愷悌。』夫旱麓之榛楛殖，故君子以易樂干祿焉。若夫山林匱竭，林麓散亡，藪澤肆既，民力凋盡，田疇荒蕪，資用乏匱，君子將哀之不暇，而何易樂之有焉。」《魯語上》展禽說：「及九州名山川澤，所以出財用也。非是不在祀典。」在可確定意義的山名中，最多的是地理類，其次是動物類，再次是植物類。當然，動物類山名中可能有一部分是根據山的形狀類似動物而命名的。

需要補充的是，有些山名從字面上看不出語源，但從其他地方的記載可以得知也是因生物得名。比如《中山經首篇》、《中次五經》都有蔥聾山，《西山經首篇》云：「（符禺山）其獸多蔥聾，其狀如羊而赤鬣。」原來蔥聾是今天所說的鬣羚，那兩個蔥聾山可能都因多鬣羚而得名。又《北次二經》有梁渠山，《中次十一經》歷石山「有獸焉，其狀如狸而白首虎爪，名曰梁渠，見則其國有大兵。」梁渠山很可能因為梁渠得名。從這一點來看，《山海經》中的生物類山名比我們想像的要多。

有的山名源自物產，《中山經首篇》甘棗山在今中條山西部，《史記·貨殖列傳》提到安邑千樹棗，西漢安邑縣在今夏縣、運城，今天仍以產棗聞名。

第二節　山名分析

一、通名和專名

《禹貢》因受四字一句的文體限制，多數山只記專名，缺少通名，使人不知這些地名是不是山，《山海經》就沒有這個弊病。《山經》的山名，如果專名是單字，則稱某山。如果專名是雙字，則稱某某之山，448 座山只有 3 個例外，《北次二經》白沙山大概是傳抄漏掉之字。《海經》因為和《山經》本非一書，所以沒有這個規則。《海外經》、《海內經》8 篇，只有 5 處某某之山，多和神話有關，不排除是最後成書時後人據《山經》體例添入，其餘 20 座山徑稱某某山。《大荒經》及最末的《海內經》是一個整體，本部分山名大致有兩種體例，一種是有山名曰某某，一種是有某某山。

二、山首山尾

《山海經》記載了很多山首、山尾，《北次二經》：「北次二經之首，在河之東，其首枕汾，其名曰管涔之山。」一些山直接以某之山首或尾為正式名稱。

《山經》有 15 篇的開頭都是「某山之首曰某之山」，除《中山經》的 12 篇外，《西山經》首篇、《南山經》首篇、《北次三經》首篇也是這種體例。《中山經》地域在靠近中原之處，15 處中，只有《中次六經》、《中次十二經》開頭「縞羝山之首曰平逢之山」、「洞庭山首曰篇遇之山」是雙字專名，縞羝山、洞庭山缺了之字，而兩篇下文具體講到縞羝之山、洞庭之山時則沒有缺，說明這兩篇開頭的「某山之首曰某之山」可能是後人添加。《中次八經》、《中次十一經》開頭都是荊山之首，下文又有荊山，這兩篇荊山之首也有偽添嫌疑，偽添各篇主要是南方楚地諸山。《山經》把楚地放入《中山經》，顯示編定者可能是楚人，而南方三篇仿照中原諸篇設置山首又是佐證。

三、同名異地

《山海經》異地同名現象並不突出。上文提到的同名山中，有些是分見於《山經》、《海經》，後者難以定位，存而不論。

《山經》中，石山見於《北次三經》、《中次十二經》，竹山見於《西山經》首篇、《東山經》首篇，雞山見於《南次三經》、《中次十一經》，相距都很遠。騩山見於《西山經》首篇、《中次九經》，玉山見於《西次三經》、《中次八

經》、《中次九經》，岐山、女幾山都分別見於《中次八經》、《中次九經》，葛山見於《東次二經》、《中次九經》，《中次八經》在鄂西，《中次九經》在四川盆地北部，《西山經》首篇為今秦嶺山脈，相距不遠，又有好幾個同名山，反映了楚人、秦人在開發西南時的地名移植。《中次九經》熊山「有穴焉，熊之穴，恒出神人」，不僅解釋山名的由來，而且令人想起《史記·楚世家》中的楚國祖先穴熊、鬻熊及其後多個以熊為姓的國君。

　　《山海經》的山名有不少可以考證出今地，有些則不知所在。酈道元寫《水經注》時，大量引用《山海經》，我們今天可以考證出的山，大多根據《水經注》定位。以地區論，《山經》可考山名遠比《海經》多。沿用至今的山名，多數在靠近中原之地。令人感到遺憾的是，有些留存了四千多年的山名，卻在今日遭到不學無術的人強行更改，比如鄭州的大驪山，近年被改成了俗氣的鳳凰山，改名的人不知大驪山的名字不僅在《山海經》有記載，而且保存了上古鬼方從草原南遷的珍貴歷史，這也是大驪山有岩畫的原因，大驪山的別名具茨山源自北方民族語言的公主，我已有考證。〔註1〕

〔註 1〕周運中：《中國文明起源新考》，第332～333頁。

第十章 《水經》成書

今本《海內東經》所附一篇專講河流的地理著作其實是《水經》，本來本來可能是一部獨立著作，只是後來和《山海經》抄到一起，被錯當成《山海經》的一部分了。東晉郭璞注《山海經》時已是如此，說明《水經》進入《山海經》很可能在晉代之前。儘管如此，經過近兩千年的流傳，《水經》早已被看作是《山海經》一部分。

第一節 《水經》源出秦、楚

周振鶴師認為這篇《水經》是秦代作品，論據主要是：

1. 溫水（今寧夏清水河）表明了秦代西北邊界

2. 沅水、鬱水，表明秦代的西南邊界

3. 鬱水（今珠江）出象郡表明漢代以前還不知道其上游的豚水（今北盤江）、溫水（今南盤江）

4. 白水出蜀說明在廣漢郡設置前，《漢書・地理志》裏的白水在廣漢郡甸氏道的本注中

5. 涇水入渭的地點在戲，說明在漢代置新豐、陽陵縣之前，秦有戲地，漢代屬新豐縣

6. 濟水入海處為齊地琅槐，說明在漢代設置千乘郡之前〔註1〕

其論據和論點都很合理，但是還有很多地方值得再作發掘。

〔註1〕 周振鶴：《被忽視了的秦代水經——略論〈山海經・海內東經・附篇〉的寫作
　　　　年代》，《周振鶴自選集》，廣西師範大學出版社，1999 年。

一、前後段的區別

我發現，《水經》對河流去向的描述截然不同：前 11 條河的去向（除一條漢水缺去外）都說入某，在（或省去在字）某地的某方向，而後 15 條河的去向都說成注某、入某地的某方向。後 15 條河流（除一條濟水外）都有大體流向的敘述，而前 11 條河流都沒有這樣的描述。所以前後兩段很可能有不同來源。

前後兩段對同一事物的描述也不同，有兩個例子：

1. 前段第 4 條：「淮水……入海、淮浦北。」漢代臨淮郡淮浦縣城在今江蘇省漣水縣，古時確實是淮河入海口所在，東漢班彪曾在淮浦縣觀海，其《覽海賦》曰：「余有事於淮浦，覽滄海之茫茫。」後段第 16 條：「泗水……而東南注東海，入淮陰北。」古代泗水確實在淮陰（今淮安市）注入淮河，但不是單獨入海，淮河從泗水口到入海口還有幾十公里。也就是說後段作者不知道泗水口下的這一小段，當然就更不知道淮浦。

2. 前段第 5 條：湘水……入洞庭下。按照前篇體例有缺字，應該是「入某水、洞庭下」或者「入洞庭、某山下」。上古洞庭湖很小，〔註2〕所以不可能說湘水注入洞庭湖，而應說湘水注入長江，則此句原先很可能是「湘水……入江，洞庭下。」洞庭指洞庭山，即《山經·中次十二經》的湘山，今稱君山。後段第 14 條：「沅水……東注江，入下俊西，合洞庭中。」上古時洞庭湖很小，所以後段說沅水注江，合洞庭中的洞庭一定指洞庭湖。前段著眼點在洞庭山，後段著眼點在洞庭湖。

既然前後兩段有體例和內容上的差異，我們可以認為它們有不同的來源。比較兩段所述河流的空間分布，看不出明顯的分野，其在時間上也看不出區別。要究其本源，只有詳細分析各自內容了。

二、前段為秦人所作

前段不熟悉東南地理，有 5 條證據。

1. 第 2 條：「浙江出三天子都，在其東，在閩西北。入海、余暨南。」三天子都山在皖南，離福建還遠。

2. 第 3 條：「廬江出三天子都，入江、彭澤西。一曰天子鄣。」

3. 第 5 條：「湘水出舜葬東南陬，西環之，入洞庭下。一曰東南西澤。」

〔註 2〕譚其驤：《雲夢和雲夢澤》，《長水集》上冊。

4. 第 9 條:「潁水出少室,少室山在雍氏南,入淮、西鄔北。一曰緱氏。」

5. 第 10 條:「汝水出天息山,在梁、勉鄉西南,入淮、極西北。一曰入淮在期思北。」

潁水入淮在慎縣(治今安徽潁上縣北)之南,慎在這裡被寫作西鄔,即慎字的緩讀。前人多把西鄔和鄔陵聯繫起來,實在是生搬硬套,鄔陵離潁口很遠。汝水入淮在期思縣(今河南省固始縣西)北,這裡寫作極西,讀音相近,郭璞等人誤把淮極當作地名。

前段熟悉西北地理倒很熟悉,證據是:

第 1 條:「岷三江,大江出汶山,北江出曼山,南江出高山,高山在成都西,入海、在長州南。」古人以岷江為長江正源,河源靠近西北。能分清長江的三個源頭,則作者熟悉西北。

第 8 條:「溫水出崆峒,崆峒山在臨汾南,入河、華陽北。」崆峒山是今六盤山,溫水不是大河,證明作者熟悉西北。

第 11 條:「涇水出長城北山,山在郁郅長垣北,入渭、戲北。」一般認為涇河源自六盤山,此處認為源自長城北山。郁郅縣在今甘肅慶陽,長城(即長垣)是戰國秦長城,這是認為馬蓮河(環江)為涇河正源,按照唯遠為源的原則,環江確是涇河正源。因此我們可以推測,前段的作者是秦國人。

三、後段是楚人所作

後段作者不熟悉北方地理,對北方 7 條河流的描述除洛水外都有錯誤,而且有的是不小的錯誤。

第 21 條:「汾水出上竄西北,而西南注河,入皮氏南。」上竄或許是山西省代縣西北的先俞關,即古雁門關,或許善無縣(今右玉縣)。兩地都遠離汾河源頭都,後段的北方地理錯誤多屬這種類型。

第 22 條:「沁水出井陘山東,東南注河,入懷東南。」沁河源頭在太嶽山,遠離井陘。郭璞注:「河內北有井陘山。」這是為遷就古人而胡說。

第 23 條:「濟水出共山南、東丘,絕鉅鹿澤,注渤海,入齊、琅槐東北。」濟水所經的應是巨野澤,鉅鹿澤在今河北省中部。

第 24 條:「潦水出衛皋東,東南注渤海,入潦陽。」潦水即遼河,潦陽是遼陽,古代的遼陽在今遼中縣之東在而非今遼陽。按《漢書·地理志》,遼河在安市縣(今海城縣)入海,遼陽雖瀕臨三角洲,但畢竟不是海口。

第 25 條:「滹沱水出晉陽城南,而西至陽曲北,而東注渤海,入趙、章武北。」滹沱河源出五臺山,支流木馬水（今牧馬河）離晉陽（今太原）60 公里,但中間有狼孟、盂兩縣和分水嶺,不是出自晉陽。

第 26 條:「漳水出山陽東,東注渤海,入章武北。」漳河上游分為清漳水和濁漳水,都遠離山陽（今河南焦作）。

所以後段的作者一定不是三晉或秦、燕之人,而應是南方人,最有可能是楚人。這位楚人的手裏有一張比例尺很小的地圖,北方地名標注很少。因此他選擇靠近的著名地名當作河源所在。

後段熟悉南方地理:

第 17 條:「鬱水出象郡,而西南注南海,入須陵東南。」

第 18 條:「肆水出臨武西南,而東南注海,入番禺西。」

第 19 條:「潢水出桂陽西北山,東南注肆水,入敦浦西。」

這三條河都在上古還很偏遠的嶺南,但作者很清楚。鬱水為今西江,肆水為今北江,潢水為今連江。西江、北江漢代已經合流,《漢書‧地理志》記載桂陽郡桂陽縣的滙水（應為洭水即潢水）南至四會入郁,此處卻把西江、北江的入海口分得很清楚。《漢書‧地理志》桂陽郡臨武縣「秦水（即肆水）東南至湞陽入滙」,顛倒了肆水、潢水的主次關係,此處竟然正確。

上文提到第 13 條沅水「注江,入下俊西,合洞庭中」,說明作者知道在沅水、長江交匯處有個洞庭湖。而這個湖在當時人看來算不上大湖,作者能知道它,應該是熟悉南方地理的。總結上文,後段的作者很可能是楚國人。

我說《水經》由兩段構成,前段出自秦國,後段出自楚國,這和周老師的觀不矛盾。兩段雖然來源不同,但合為一篇應該是在秦代。出現了秦代才有的象郡,就是證明。秦統一六國,收繳各國檔案文書,匯聚到咸陽,才有這篇《水經》。秦代時間很短,漢初郡縣多依戰國末年,周老師的文章主要論證《水經》成書於漢代之前,沒有否認其上限在戰國末年。

第二節　《水經》地理校正

一、漢水、漾水

第 6 條:「漢水出鮒魚之山,帝顓頊葬其陽,九嬪葬其陰,四蛇衛之。」不講它的去向,夾了風格和全篇不同的神話,應該不是原貌。《海經》多次出

現鮒魚山（附禹山），可能是從《海經》抄來。

缺少的漢水應該是第7條濛水，「濛水出漢陽，入江聶陽西。」過去很多學者，從酈道元的《水經注·江水》到郝懿行《山海經箋疏》都把它當成《漢書·地理志》的濛水（今大渡河）。大渡河確實入岷江，但其頭尾沒有漢陽、聶陽，郭璞注：「漢陽縣屬朱提。」漢代的牂柯郡漢陽縣在今貴州威寧，郝氏信之，殊不知失之千里。我認為，濛字應是漢字誤寫，漢水在後代被認為出自沮縣（今陝西略陽縣東），但其第一條大支流褒水源出秦嶺，實際比正源還遠，褒水邊的漢陽鄉（今漢中北）當褒斜道口，褒斜道又是秦、蜀之孔道，位置險要，《漢書·地理志》記載漢中郡的都尉治漢陽鄉，漢水源頭的漢陽在此。漢水尾閭的聶陽，《水經注》引作灄陽，《南齊書·州郡志》郢州江夏郡有灄陽縣，灄陽確實是在漢水入江之處。《水經注·溳水》：「溳水又南，分為二水，東通灄水，西入於沔，謂之溳口也。」同書《江水》：「又東合灄口，水上承沔水於安陸縣，而東逕灄陽縣北，東南注於江。」〔註3〕

二、蜀

第13條：「白水出蜀，而東南注江，入江州城下」。這是《山海經》唯一提到蜀的地方，其實這個蜀字後面應該還有個山字。白水即今白龍江，《漢書·地理志》云：「《禹貢》桓水（即白龍江）出蜀山西南，行羌中，入南海」。既然如此，則原文應為蜀山，因為全篇講河流源頭都用行政區劃名稱，小到鄉、大到郡縣，不用巴蜀之類的地域之名。此處的蜀不是郡名，因為蜀郡不到蜀山。所以《山海經》中沒有提到蜀，則《山海經》是蜀人所作的說法不可信。

三、章武

第25條：「滹沱水……而東注渤海，入越（應該是「趙」字的誤寫）、章武北。」第26條：「漳水……東注渤海，入章武北。」

漢代勃海郡章武縣在今河北黃驊之北，《漢書·地理志》金城郡河關縣：「河水東北至章武入海。」另見魏郡館陶縣下。既然此《水經》說漳水在章武南面獨自入海，則黃河在更南的地方入海。《山經·西次三經》崑崙山黃

〔註3〕據趙永復：《水經注通檢今釋》，灄水為今湖北省孝感縣南的澴河，東南至黃陂縣南注江，復旦大學出版社，1985年，第91頁。

河：「南流東注於無達。」無達即無棣，《左傳》齊桓公說西周時齊國受命征伐，北到無棣，無棣在《水經注》無棣溝，今河北南皮、鹽山縣之南，恰在章武之南。

另外第 2 條浙江「入海、余暨南」應該是「余暨北」。余暨在今浙江省蕭山市，在浙江（今錢塘江）南岸。

第十一章 《山海經》的成書

　　前人因為未破解《山海經》的地理，所以他們判斷《山海經》的作者和寫作時地自然不確。《山經》最難破解的就是開頭的《南山經》首篇，這篇其實是考證《山海經》成書的關鍵，可惜前人未能破解此篇。我破解了此篇，才發現《山海經》真正的作者不是秦人，不是齊人，不是巴蜀人，不是宋人，不是燕人，而是齊人。

第一節　《山經》出自齊國

　　顧頡剛早年認為《山經》作者是周秦河漢間人，1962 年說是楚、秦間巫師所作。譚其驤說：「《中山經》雖然包括了《中次九經》所載巴蜀地區，但中山共十二經，只有九經一經是巴蜀山川，八、十、十一、十二四經屬戰國楚地，其餘七經都在戰國周秦韓魏之地，所以蒙、袁二氏所說《山經》係戰國楚人作品之說，當然也不可信。」我認為譚其驤的這個觀點合理，不能因為《中山經》有楚地就認為作者是楚人。

　　可惜前人都未破解《南山經》首篇的位置，我首次發現《南山經》首篇在江淮之間，則《山經》的作者不可能是楚人，因為江淮在楚國郢都的西北，在壽春的正東。《山經》的作者應該是齊人，才認為江淮是南方。南陽、江漢、巴蜀都被歸入《中山經》，這是因為楚國的疆域已經南擴到嶺南，《山經》的西界到了帕米爾高原之西，北界到了西遼河源頭，從如此大的視角來看，南陽、江漢、巴蜀自然應該歸入《中山經》。山神最高的三等帝、冢、神基本在《中山經》，另外兩個在《西山經》首篇，華山靠近中原，羭次之山在

秦都咸陽的正南方，雖然祭品很多，但是僅列為神，或許是秦代的改造。高等的山都在《中山經》，源自作者的中土崇拜思想，不能證明作者是中原人。中原的山水詳細，因為這是四戰之地，人口最密，聚落最多，地名最多，商路交錯，所以詳細。

齊國稷下學宮是全國學術中心，《史記·田敬仲完世家》：「宣王喜文學游說之士，自如騶衍、淳于髡、田駢、接予、慎到、環淵之徒七十六人，皆賜列第，為上大夫，不治而議論。是以齊稷下學士復盛，且數百千人。」

齊國在戰國時產生了三本巨著作：《管子》、《周禮》和《山海經》。《管子》託名春秋時的管仲，是法家巨著。《山經》以《管子》的話為結尾，證明《山經》出自齊地。《周禮》參考了很多西周史料，是齊國法家寫成，反映了齊魯文化的融合。《山經》的恢弘氣勢唯有《周禮》可以相比，應該有齊國官方背景，唯有稷下學宮能夠產生。

上文已經考證出了《山經》各篇的範圍，《東山經》是齊國在齊湣王極盛時的疆域。趙武靈王二十年，趙國的疆域到達榆中，二十六年到達雲中、九原，但是《北山經》不記河套諸山，說明是在趙地西擴之前已經寫成。楚懷王二十三年滅越國，《南次二經》從江西到浙東，《海內東經》會稽山在大楚之南，反映楚國滅越之後的形勢。楚懷王二十三年是趙武靈王二十年，趙國疆域尚未到達河套，所以《山經》寫成的年代大體上就在此後不久。趙武靈王二十年，楊寬認為是前 306 年，平勢隆郎認為是前 305 年。

楊寬認為齊國被攻破是在前 284 年，這二十多年，是齊國的極盛期，齊湣王二十六年，齊國聯合韓、魏，攻入秦國的函谷關。齊湣王三十六年稱東帝，秦昭襄王稱西帝。三十八年，齊滅宋。四十年，齊國被六國聯軍攻破，齊湣王被殺。齊國在此極盛時期，最有可能編成《山海經》。稷下學宮有各地人才，能得到各地信息。此時的齊相是洛陽人蘇秦，《山經》在洛陽附近非常詳細，或許也和蘇秦有關。

齊國人非常注重工商和實用學問，《管子》有一篇《地圖》，論述地圖對戰爭的重要性：「凡兵主者，必先審知地圖。轘轅之險，濫車之水，名山、通谷、經川、陵陸、丘阜之所在，苴草、林木、蒲葦之所茂，道里之遠近，城郭之大小，名邑、廢邑、困殖之地，必盡知之。地形之出入相錯者，盡藏之。然後可以行軍襲邑，舉錯知先後，不失地利，此地圖之常也。」《度地》分別了五種河流，《地員》詳細研究土壤，《地數》研究礦產，都契合《山經》的內

容，所以《山經》最有可能出自齊地。

　　管子的官山海就是壟斷鹽業和礦業，《輕重乙》的山海之財即漢代人所稱的鹽鐵之利。《輕重甲》：「齊有渠展之鹽，燕有遼東之煮。」〔註1〕可見《管子》是在燕昭王獲得遼東之後才成書，則《管子》的寫成年代和《山海經》同時。《山海經》就是齊國法家考察山海之財的著作，所以詳細記載各山的動物、樹木、礦產和藥物。《乘馬》量化比較了荒地、涸澤、樊棘、蔓山、汎山的森林資源，可見齊國法家重視森林資源。

　　齊國的法家還主張用貨幣獲得遠方的物產，《地數》：「夫玉起於牛氏邊山，金起於汝漢之右洿，珠起於赤野之末光。此皆距周七千八百里，其途遠而至難。故先王各用於其重，珠玉為上幣，黃金為中幣，刀布為下幣。」《國畜》作禺氏，王國維認為禺氏、牛氏即月氏，〔註2〕我認為禺氏、牛氏不是月氏，而是于闐，于闐的原義是牛，玉指崑崙山的和田玉。《山海經》的西部遠過崑崙山，正是因為齊國能獲得遠方的商品。《揆度》：「陰山之礝磻，一策也。燕之紫山白金，一策也。發、朝鮮之文皮，一策也。汝、漢水之右衢黃金，一策也。江陽之珠，一策也。秦明山之曾青，一策也。禺氏邊山之玉，一策也⋯⋯陰山之馬，具駕者千乘。」齊國和發（濊）、朝鮮有海路貿易，陰山的礝磻即瑤琨，讀音接近。我的《九州考源》第十五章已經指出瑤琨即玉，所以《管子》稱珠玉是上幣。《戰國策·趙策一》蘇秦上書趙王：「此代馬胡駒不東，而崑山之玉不出，此三寶者又非王之有也。」代地的馬來自其北部的陰山。燕國的紫山在北部邊塞，今赤峰市有很多銀礦。崔豹《古今注·都邑》：「秦築長城，土色皆紫，漢塞亦然，故稱紫塞焉。」或許是指北方的黑褐色土壤，紫山不知是否源自紫土。

　　因為田齊的王族，祖先是舜，所以《大荒經》的帝俊（舜）有很高的地位，他娶妻生出日月，還被附會為很多域外民族的祖先。

　　譚其驤認為《西次三經》記到河西，但是不必等到漢武帝攻下河西，中原人也可能知道河西地理。但是他又在華南實行雙重標準，認為《南次三經》記到南嶺，在秦始皇進攻嶺南之時，所以僅有廣東，不記廣西。此說頗為荒謬，《淮南子》明確秦始皇五路南征，廣東、廣西都有，秦軍也不可能捨棄寬

〔註1〕　渠展即齊國北部沿海的巨淀，渠的聲旁是居，展的上古音的是定母元部 dian，淀是定母耕部 deng，讀音很近。巨淀是沿海的潟湖，所以產鹽。

〔註2〕　王國維：《月氏未徙大夏時故地考》，《觀堂集林》。

闊的湘漓通道，開挖靈渠，秦在廣西設桂林、象郡，廣東僅有南海郡，廣西比廣東還重要，《山經》豈能僅有廣東？譚其驤考證錯誤，《水經注》明確記載《南次三經》浪水在廣西，豈是不記廣西？譚其驤僅知中原地理，誤以為《海經》不可能有朝鮮、日本的內容。

第二節　齊方言證據

書中的齊方言，前人已經提到，揚雄《方言》卷三：「凡草木刺人，北燕、朝鮮之間謂之策，或謂之壯。自關而東，或謂之梗，或謂之劌。自關而西，謂之刺。江、湘之間謂之棘。」郭璞注：「今淮南人亦呼壯。壯，傷也。《山海經》謂刺為傷也。」《中次七經》大䇗山：「有草焉，其狀，葉如榆，方莖而蒼傷，名曰牛傷。」郭璞注：「猶言牛棘。」《中次七經》講山：「有木焉，名曰帝屋，葉狀如椒，反傷、赤實。」北燕、朝鮮、淮南人都稱刺為壯，這種稱法應該是來自燕、淮之間的齊地，壯就是傷，《中次七經》在河南省中部，此處本不應稱為傷，則是出自齊人。

另外《中次十經》丙山：「其木多梓、檀，多弞杻。」郝懿行注：「《方言》云，弞，長也。東齊曰弞。郭注云：弞，古矧字。然則弞杻，長杻也。」丙山在今湖北省西南部，當時還不是漢地，這種稱法來自齊地。

書中還有一些前人未發現的齊方言，《西次三經》、《海內西經》提到西王母戴勝，揚雄《方言》卷八：「尸鳩，燕之東北、朝鮮洌水之間謂之鶝鴡，自關而東謂之戴鵀，東齊、海岱之間謂之戴南，南猶鵀也。或謂之鴽鴉，或謂之戴鴳，或謂之戴勝。東齊、吳揚之間謂之鵀。自關而西謂之服鴡，或謂之鶬鴡。」則戴勝是齊語。

另外《中次十一經》菫理山：「有鳥焉，其狀如鵲，青身白喙，白目白尾，名曰青耕。」青耕就是鶬鶊，揚雄《方言》卷八：「鸝黃，自關而東謂之鶬鶊，自關而西謂之鸝黃。」關東人稱黃鸝為鶬鶊，但是此處記為青耕，因為齊國東部人讀 ang 為 eng，《方言》卷十一：「蠅，東齊謂之羊。」我已經指出，鄒衍所謂的大瀛海就是大洋海，寫的是瀛，讀的是洋。〔註3〕所以齊國人寫的是青耕，讀的是鶬鶊。同篇上文的豐山：「神耕父處之，常遊清泠之淵。」清泠之淵就是滄浪之淵，《中次十一經》在南陽，這種讀法都是齊語。

〔註 3〕周運中：《中國南洋古代交通史》，第 52 頁。

上文指出，《南次三經》封水（今富川縣富江）寫成汜水，《海外南經》、《海外北經》、《海內南經》，《海內北經》的汜林都是墓葬的封林，《說文》堋：「喪葬下土也，《春秋傳》曰朝而堋，《禮》謂之封，《周官》謂之窆。」堋是幫母蒸部 pəng，窆是幫母侵部 piəm，封是幫母東部 piong，〔註4〕我將在另書論證《周禮》也出自戰國時的齊國，很可能出自同時代的稷下學宮，《山海經》的方言和《周禮》相同，證明《山海經》也出自齊國。《曹風·下泉》：「芃芃黍苗。」《說文》：「芃，草盛也。」芃即蓬、豐，曹國在今山東省西南部，證明是齊魯之語。

沈海波為論證《山海經》出自周秦，認為《海外北經》河上西北有尋木是秦語，引揚雄《方言》卷一：「自關而西，秦、晉、梁、益之間凡物長謂之尋。」其實上文是：「修、駿、融、繹、尋、延，長也。陳楚之間曰修，海岱、大野之間曰尋。」可見尋不僅是西北話，也是齊語。

沈海波又說《北山經》單長山有鳥，食之已嗌痛，郭璞注：「《穀梁傳》：嗌不容粒。今吳人呼咽為嗌。」《北次三經》歸山有鳥，其鳴自詨，郭璞注：「今吳人謂呼為詨。」其實《穀梁傳》證明齊魯有此字，郭璞所記是東晉江南，他正好在江南，不能表明上古齊地不用此字。

第三節　《海經》出自齊燕

袁珂認為《海經》的作者是楚人，蒙文通認為是巴蜀人，沈福偉認為《大荒經》是春秋時齊人作，《海內經》是戰國中期燕人作，《海外經》戰國中期楚人作。因為他不通古音，隨意比附，所以論證多不可信，說大樂之野在夜郎，女丑之尸是印度東輝國（Pragiyotisa）音譯等等，非常荒謬。李川提出《大荒經》作者是宋人，理由是神靈多與江陵王家臺出土《易經》相合，是商代《連藏》。四方風與甲骨文相合，提到帝俊 16 次，郭沫若認為卜辭有帝俊，是殷人神靈。〔註5〕我認為未必是商文化獨有，很多是中原文化。

我認為《海經》作者是齊、燕人，因為《海內南經》說兕在舜葬之東，猩猩在舜葬之西，其實南方到處都是這些野獸，這是作者根據他看到的地圖寫出。又提到雕題國、離耳國在鬱水之南，其實雕題（紋面）、離耳（儋耳）是

〔註4〕王力：《同源字典》，第 620 頁。
〔註5〕李川：《〈山海經·荒經〉成書問題譾論》，《中國社會科學院研究生院學報》2009 年第 1 期。

南方各地都有的風俗，《戰國策·趙策二》：「黑齒雕題，鯷冠秫縫，大吳之國也。」連江南最初都有，可見作者不熟悉南方。又認為甌、閩都在海中，顯然是因為從齊地沿海路南下，才有這種認識，證明作者不可能是南方的吳、楚之人。

同樣，《南次三經》天虞山：「其中有虎蛟，其狀魚身而蛇尾。」虎蛟就是鼉魚，但是南方人不太可能描述鼉魚為魚身蛇尾，這種描述很像是北方人根據圖畫寫出來。

齊人習慣航海，君主都想航海遊玩，《孟子·梁惠王下》：「昔者齊景公問於晏子曰：吾欲觀於轉附、朝儛，遵海而南，放於琅邪。」轉附即煙臺市芝罘島，嬴政是歷史上唯一航海射鯨的皇帝。

齊、燕君主資助方士航海，《史記·封禪書》：「自齊威、宣之時，騶子之徒論著終始五德之運，及秦帝而齊人奏之，故始皇採用之。而宋毋忌、正伯僑、充尚、羨門高最後，皆燕人，為方仙道，形解銷化，依於鬼神之事。騶衍以陰陽主運顯於諸侯，而燕、齊海上之方士傳其術不能通，然則怪迂阿諛苟合之徒自此興，不可勝數也。自威、宣、燕昭使人入海求蓬萊、方丈、瀛洲。此三神山者，其傳在勃海中，去人不遠。患且至，則船風引而去。蓋嘗有至者，諸仙人及不死之藥皆在焉。其物禽獸盡白，而黃金銀為宮闕。未至，望之如雲。及到，三神山反居水下。臨之，風輒引去，終莫能至云。世主莫不甘心焉。」齊威王、宣王推動航海，燕昭王是仿傚齊國，燕昭王破齊，所以戰國末年到秦代的著名方士以燕人為主，其實應該稱為齊、燕方士。因為司馬遷稱為燕、齊方士，所以今人多稱為燕、齊方士，其實不確。

因為齊、燕方士發現海外的島鏈之外還有大洋，所以創立了大小九州論，《史記·孟子荀卿列傳》記鄒衍：「以為儒者所謂中國者，於天下乃八十一分居其一分耳。中國名曰赤縣神州，赤縣神州內自有九州，禹之序九州是也，不得為州數。中國外如赤縣神州者九，乃所謂九州也。於是有裨海環之，人民禽獸莫能相通者，乃為一州。如此者九，乃有大瀛海環其外，天地之際焉。」《海經》的海外諸國概念，應該出自齊地。

齊、燕方士大規模到遠方探險，獲得了很多地理資料。我發現《大荒東經》有很多榮成的小地名，這是山東半島的最東端，是方士出海的港口。方士渡海到朝鮮半島和日本列島，寫出東方海外的資料。又從琅邪沿海南下，寫出《海內經》很多內容。但是《海內經》的華南資料不是齊人沿海南下獲

得，因為鬱水出湘陵，舜葬在湘水之南，雕題等國在鬱水之南，是從內陸定位而非從海上定位，證明華南的資料來自楚地。

燕昭王模仿齊國圖強，招攬人才，魏國樂毅、齊國鄒衍、趙國劇辛等大批名士爭相趨燕。打敗東胡，拓地千里，設上谷、漁陽、右北平、遼西、遼東郡。築長城，從造陽到襄平。真番、朝鮮等國投降，所以《海內東經》說巨燕在東北，又說燕滅貉，列陽屬燕，倭屬燕。

顓頊墓在西遼河之北，在燕國塞外，《海經》有非常詳細的描述。從《海經》內容，可以看出一條明顯的交通路線，是從通榆縣、科爾沁右翼前旗、阿爾山到呼倫貝爾大澤，再向西北到貝加爾湖、葉尼塞河。我認為這條路線上的資料，來自燕國的方士。

燕國新設的東北諸郡，唯有右北平郡的郡治平剛縣在今內蒙古寧城縣西南部的黑城，原先其東部應該還有左北平郡。平剛縣的北部有兩道燕長城，〔註6〕可見是防禦重點，也是交通要道。《山海經》重點描述的顓頊墓就在其西北部的克什克騰旗，是燕人獲取草原信息的要衝。

據《戰國策》、《史記》，崑崙玉和胡犬輸入趙國北部，可見燕國的西部可以通過河套，溝通西北。不過我們明顯可以看出《海內經》之中，西北、南方的內容非常薄弱，西北的很多內容是野獸。則《海內經》作者不熟悉西北和南方，南方僅有九嶷山周圍稍為詳細，《海內經》的作者不可能秦、趙、魏之人。《海內經》從代開始環繞燕國的邊境直到朝鮮，順序井然，正是因為作者得到了燕地詳細的資料。

1977年新疆和靜縣阿拉溝出土了來自楚國的鳳鳥紋刺繡、菱紋鏈式羅、漆器，〔註7〕類似的鳳鳥紋刺繡、鳳鳥紋毛氈和山字紋銅鏡又在俄羅斯阿爾泰北部山地的巴澤雷克古墓出土，2005年新疆瑪納斯縣包家店鎮出土了一件戰國時期的山字紋銅鏡。〔註8〕既然楚地的物品能夠到達阿爾泰山之北，則中原人也能得知阿爾泰山之北的情況。

或以為雲中、九原、林胡、樓煩都是燕地，《史記·蘇秦列傳》說：「燕東

〔註6〕 內蒙古自治區文化廳編制：《中國文物地圖集》內蒙古分冊，西安地圖出版社，2003年，上冊第65、159頁。

〔註7〕 新疆社會科學院考古研究所：《阿拉溝豎穴木槨墓發掘簡報》，《文物》1981年第1期。

〔註8〕 郭物：《新疆史前晚期社會的考古學研究》，上海古籍出版社，2012年，第358～359頁。

有朝鮮、遼東，北有林胡、樓煩，西有雲中、九原，南有呼沱、易水，地方二千餘里……南有碣石、雁門之饒，北有棗栗之利。」前人一般認為是錯誤，但是《齊策五》蘇秦說：「昔者齊、燕戰於桓之曲，燕不勝，十萬之眾盡。胡人襲燕樓煩數縣，取其牛馬。」則燕國一度曾有樓煩之地，《韓非子・有度》：「燕襄王（應為昭王）以河為境，以薊為國，襲涿、方城，殘齊，平中山。」《飾邪》說：「當燕之方明奉法，審官斷之時，東縣齊國，南盡中山之地。」《戰國策・齊策五》蘇秦說：「燕、齊戰，而趙氏兼中山。」燕齊大戰時，趙國得以獨吞中山國，則此前趙國不能越過中山國有效控制北方，所以燕國得以短暫西征。

西南唯獨巴地的神話稍多，最末的《海內經》有巴人祖先，《海內南經》有巴地孟塗，《大荒南經》有西南常見的魚泉。可能因為巴地是丹砂最多之地，所以引起方士關注。巴地的學術重視天文和陰陽，《史記・曆書》：「巴落下閎運算轉曆，然後日辰之度與夏正同。」《漢書・藝文志》：「《將鉅子》五篇。六國時。先南公，南公稱之。」我認為將鉅子就是牂牁子，讀音極近，證明巴地的陰陽學發達。

但是《海經》的印度內容似乎不是來自巴地，因為《海外南經》從印度到緬甸、滇南再到南海，雲貴的內容很少，而印度北部通往崑崙山的內容卻很詳細，所以我認為印度的內容很可能來自西域的塞人，這也是《西次三經》到達阿富汗的原因。

齊地方言證據是《海外北經》說夸父一曰博父。郝懿行說：「博父，大人也。大人即豐人，《方言》云趙魏之郊、燕之北鄙，凡大人謂之豐人。《燕記》：豐人杼首，疑此是也。」我發現齊地有很多地名帶博字：

1. 西漢千乘郡博昌縣，在今山東博興縣。

2. 西漢東郡博平縣，在今茌平縣西部。《田敬仲完世家》和《六國年表》齊威王六年趙、魏伐齊，至博陵。

3.《田敬仲完世家》：「其後三晉之王皆因田嬰朝齊王於博望，盟而去。」

4.《水經注》卷八《濟水》博亭，在今山東省章丘市。

5. 西漢泰山郡博縣，在今山東省泰安市東南的舊縣村。

6.《水經注》卷五《河水》：「逕平原縣故城東。《地理風俗記》曰：原博平也，故曰平原矣。」

四方神在《海外經》被改為五行神，唯獨《大荒經》的北方海神禺京，在

《海外經》仍是禺強，袁珂認為禺京（禺強）是鯨魚，也即《莊子・逍遙遊》所引《齊諧》的北冥之鯤，《史記・秦始皇本紀》提到水神以大魚蛟龍為候，嬴政出海射殺巨魚。

雖然《海經》的海外地理資料來自齊、燕方士，但是不提大九州，則未必出自鄒衍，或許是其他方士所寫。因為燕、齊交流密切，或許是燕地的資料能到齊國，被齊人彙編，寫成《海經》。《淮南子・地形》和《海經》同源的一段，多出申池在海隅、孟諸在沛，《地形》上文的九藪有齊之海隅，證明《海經》原來有齊國的海隅澤，作者是齊人。

但是《海內北經》記載燕國周圍的地理特別詳細，或許《海外經》、《海內經》八篇是燕國人根據齊國人的《大荒經》改編。

燕昭王時達到極盛，拓地千里，《山經》不記載，趙地都在《北山經》，則《山經》成書比《海經》稍早，《山經》的作者不是燕國人。

第四節　燕國和西域方士

燕昭王在方士文化中的影響很深，前秦王嘉所編的《拾遺記》卷四在周、秦之間特列燕昭王的五事：

1. 廣延國獻波弋國的荃蕪香和麟文席，我認為廣延可能是居延，波弋可能是波斯，有雲霞麟鳳的席子其實是西亞的毛毯，時常有雲霞、鹿、鳥等花紋。

2. 甘需教燕昭王養生之道，甘需 kam-sio 顯然就是《海外東經》肝榆 kan-jio，我已在上文指出源自草，日語是 kusa，印地語是 ghas，德語是 ghas，英語是 grass，渠搜（巨蒐）、姑臧、哥舒、斛薩、哈薩克 Khzakh 是同源字，可見甘需是北方民族。《史記・秦始皇本紀》：「三十二年，始皇之碣石，使燕人盧生求羨門、高誓。」我認為高誓就是甘需，讀音接近。《莊子》提到道家的庚桑楚，唐代人王源：「莊子謂之庚桑子，《史記》作亢桑子，《列子》作亢倉子，其實一也。」〔註9〕我認為庚桑、亢桑、亢倉讀音非常接近姑臧，證明道家之中確實有很多外族人。姑臧在今武威，是河西走廊的要衝，所以姑臧人溝通東西方的文化。《封禪書》記載燕國方士羨門高，羨門是薩滿 shaman 或

〔註9〕〔唐〕劉肅著、許德楠、李鼎霞點校：《大唐新語》，北京：中華書局，1984年，第137頁。

沙門 sramana，就是仙人，漢語仙 sian 的讀音接近，man 是民，或許是遠古的世界通用語。

3. 申毒（印度）沐胥國的 130 歲方士尸羅經過五年，來到燕國都城，表演幻術，印度人確實擅長幻術，而且王玄策為唐太宗帶來印度 200 歲的方士可以作證。沐胥 mok-sa，是梵語的解脫 moksa。尸羅 sjei-la，或是梵語的頭 siras。

4. 盧扶國渡河來朝，應是渡海來朝，盧扶國是道教名山羅浮山。盧扶國人結草為衣，正是熱帶風俗。

5. 得到來自北方寒山的黑蚌玄珠，直徑一尺。我發現 2016 年《西伯利亞時報》報導，西伯利亞的工人從煤礦中發現十個巨大的石球，中西伯利亞地理博物館專家奧爾加說，這些石球的形成過程類似珍珠，貝殼分泌物質包裹沙子形成珍珠，水流過沉積岩，留下礦物質膠合泥沙形成石球。北方珍珠是黑色，或許因為來自煤礦。

非常有趣的是，這五個方士來自印度、西域、北方、東北、南海五個方向，恰好是《海經》資料來源的五個方向。

劉向《列仙傳》首列赤松子：「赤松子者，神農時雨師也。服水玉以教神農，能入火自燒。往往至崑崙山上，常止西王母石室中，隨風雨上下。炎帝少女追之，亦得仙，俱去。」《淮南子・齊俗》：「今夫王喬、赤誦子，吹嘔呼吸，吐故納新，遺形去智，抱素反真，以遊玄眇，上通雲天。」高誘注：「赤誦子，上谷人也。病屬入山，尋引輕舉。」如果赤松子確實是上谷人，則是燕人。上谷北方就是草原，西方通往西域。

劉向《列仙傳》第二個人是甯封子，自己燒死在火中。《拾遺記》卷一稱甯封子在流沙中食飛魚，《西次三經》泰器山的觀水注入流沙，水中的鰩魚能從西海飛到東海，我在上文已經指出西海、東海是河流尾閭的兩個湖。泰器山在今崑崙山之北，恰好在塞人之地。義渠人有火葬，《墨子・節葬下》：「秦之西有儀渠之國者，其親戚死，聚柴薪而焚之，薰上，謂之登遐。」義渠即東遷的焉耆，義渠、焉耆讀音接近。《漢書・西域傳》：「焉耆國，治員渠城。」員渠、義渠讀音更近，燕京戎、揚拒戎都是東遷的同族。前人認為焉耆的語源火 Agni 是梵語化的改造，現在看來可能原本就是火。

我發現，上古著名方士安期生的安期就是焉耆，讀音極近，此人的祖先來自西域，《莊子・德充符》：「闉跂支離無脤說衛靈公。」我認為闉跂就是焉

者，支離可能是梵語的山 giri。

莊子認為登遐的人是真人，《德充符》，孔丘讚頌得道之人王駘說：「將求名而能自要者，而猶若是，而況官天地，府萬物，直寓六骸，像耳目，一知之所知，而心未嘗死者乎！彼且擇日而登假，人則從是也。彼且何肯以物為事乎！」《大宗師》說：「何謂真人？古之真人，不逆寡，不雄成，不謀士。若然者，過而弗悔，當而不自得也。若然者，登高不栗，入水不濡，入火不熱。是知之能登假於道者也若此。」

酈道元《水經注‧河水四》引《魏土地記》說黃帝在湖縣登仙，《史記‧封禪書》齊人公孫卿說：「黃帝採首山銅，鑄鼎於荊山下。鼎既成，有龍垂鬍髯下迎黃帝。黃帝上騎，群臣後宮從上者七十餘人，龍乃上去。餘小臣不得上，乃悉持龍髯，龍髯拔，墮，墮黃帝之弓。百姓仰望黃帝既上天，乃抱其弓與鬍髯號，故後世因名其處曰鼎湖，其弓曰烏號。」鼎、胡本來無關，居然拼合為一個地名，其實鼎湖就是登遐，上古音的鼎是端母耕部 tyeng，湖是匣母魚部 ha，登是端母蒸部 təng，遐是匣母魚部 hea，讀音很近。鼎字不過是一種異譯，後世附會為鑄鼎，其實與鼎無關。〔註10〕焚燒的梵語是 dah，高棉語是 dot，朝鮮語是 tada，拉脫維亞語是 degt，愛爾蘭語是 doigh，非常接近登假（登遐），所以登遐的源頭應是印歐語。

劉向《列仙傳》第三個人是馬師皇：「黃帝時馬醫也。知馬形生死之診，治之輒愈。」顯然是來自北方民族，第四個人：「赤將子輿者，黃帝時人。不食五穀，而百草花。至堯帝時，為木工。」我認為，赤將的上古音 tɕhyak-tsiaŋ 非常接近塞西安 Scythian，很可能是塞西安人，所以工藝高超。塞西安和粟特是同源民族，讀音接近。《列仙傳》前四個人都來自西北，此書或許有一個更古老的底本。第五個人是黃帝，第六個人是容成子，來自山東榮成，則劉向的古本很可能來自燕、齊。

莊子在《逍遙遊》說：

> 藐姑射之山，有神人居焉，肌膚若冰雪，淖約若處子。不食五穀，吸風飲露。乘雲氣，御飛龍，而遊乎四海之外。其神凝，使物不疵癘而年穀熟。吾以是狂而不信也……堯治天下之民，平海內之政。往見四子藐姑射之山，汾水之陽，窅然喪其天下焉。

前人往往以為這是莊子編造的故事，其實這個故事就像莊子講的很多

〔註10〕周運中：《中國文明起源新考》，第 160～161 頁。

故事一樣，雖然經過莊子的闡發，但是原來有確切依據。藐姑射山在汾水之北，則很可能是戎狄之地。因為晉國初封在汾水之南，尚且處在戎狄之中。〔註11〕

所謂肌膚若冰雪，其實就是白種人。不食五穀，吸風飲露，無疑是印歐巫師的豪麻露。前人未曾發現《呂氏春秋》卷十四《本味》說：「和之美者……大夏之鹽，宰揭之露，其色如玉。」大夏即吐火羅，上古音的宰揭是 tsə-khiat，接近 Saka，所謂宰揭之露，很可能是塞人飲用的豪麻汁。

藐姑射的上古音是 miô-ka-dzyak，我認為藐 miô 是印歐語的山，拉丁語的山是 mōns，英語 mount、mountain 是同源字。姑射是草，日語的草是 kusa，印地語是 ghas，德語是 gras，漢語是姑蘇 kasa（姑胥 kaso），汾水之北的姑射就是狐廚 ga-dio，《左傳》僖公十六年：「秋，狄侵晉，取狐廚、受鐸，涉汾，及昆都，因晉敗也。」狐廚、受鐸在今臨汾西南，昆都在臨汾之南。受鐸的上古音 tu-dak 接近粟特、粟弋，證明此處確實有塞人。昆都即葷粥，也是北方民族。我認為哈薩克 Kazakh 源自草，因為住在草原。

麻姑的上古音是 maka，也即印歐語的巫師 magh，麻姑也是女巫。《魏書》卷一百六上《地形志上》滄州浮陽郡章武縣：「大家姑祠，俗云海神，或云麻姑神。」章武縣在今黃驊，《神仙傳》說麻姑已見東海三為桑田，此處的東海應是渤海。此說也不是亂編，因為西漢發生海侵，此處海岸線常有變化，所以有東海三為桑田之說。上文已言，《海內經》的柏高 bak-kao，也源自巫師 magh，柏高能上下天地，也是巫師。

1980 年陝西周原的西周遺址出土了兩件蚌雕人頭像，頭戴尖帽，帽尖被切去，在橫切面上刻有類似巫字的符號，可見周人很早就用塞人巫師。

臨淄桓公臺有尖帽胡人騎馬紋瓦當，燕下都戰國墓出土了典型草原民族風格的金牌，上有格里芬（雪豹）和翻轉後蹄的鹿角馬，還出土了尖帽雙人陶盤，我認為尖帽是塞人最典型的服飾，這個陶盤很可能就是漢武帝承露盤的原型，源自塞人的不死甘露神話。《漢書·郊祀志》：「其後又作柏梁、銅柱、承露仙人掌之屬矣。」顏師古注引注引《三輔故事》：「建章宮承露盤，高二十丈，大七圍，以銅為之，上有仙人墩承露，和玉屑飲之。」塞人的不死甘露來自植物 Homa，不是天降，可見劉徹被方士騙了。

〔註11〕《左傳·昭公十五年》說：「晉居深山，戎狄之與鄰，而遠於王室，王靈不及，拜戎不暇。」

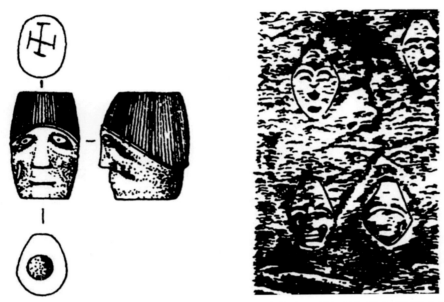

周原出土蚌雕胡人巫字頭像、新疆呼圖壁縣康家石門子岩畫尖帽胡人像

　　河北省文物考古研究院藏有一件 1964 年燕下都出土的持杯銅人，是現存最完整的戰國銅人，雖然相貌類似漢人或蒙古人，但是金屬鑄造的人像在中原非常罕見，不知杯中盛放的是不是仙露。這件銅人令我想到內蒙古赤峰市南山根遺址出土的一件青銅時代的銅劍，劍柄是一個銅人，兩面的手型不同，一面是雙手垂在腹前，類似燕下都出土的銅人，有男性特徵。另一面是雙手在胸前交叉，有女性特徵。臉型也類似燕下都出土的銅人，赤峰緊鄰燕地，所以燕地的這種銅人造型可能源自胡人。我認為赤峰所出的銅劍不是武士使用，而是薩滿使用，因為很多薩滿由兩性人擔任，人們認為兩性人能夠溝通陰陽，很多神像都是兩性同體，所以劍柄是男女兩面的人。

臨淄齊國胡人騎馬瓦當、燕下都戰國墓出土尖帽雙人陶盤

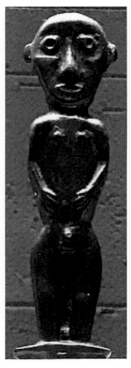

燕下都出土銅人、赤峰出土劍柄銅人的兩面

戰國燕國尖帽胡人頭像、熊羊紋金牌

　　河北省文物考古研究院另藏有戰國燕國的尖帽胡人頭像金牌，還有嵌綠松石的熊羊紋金牌等草原文化風格的金牌，顯示燕國和胡人的密切交流。靠近燕地的內蒙古出土了很多西域風格的文物，本書不再贅述，我將在研究上古草原文明的專書中考證。

　　可見西北方士在早期道教史上非常重要，通過燕地影響到了中原。所以《山海經》不僅是華夏文化和域外文化的薈萃，也是草原文化和海洋文化的薈萃。

第五節　源自西域語言的動物名

　　前人未曾發現《山海經》有大量漢譯的西域語言動物名，這些奇怪的名字原來是來自外語。

　　《西山經》首篇華山，有獸，狀如羊而馬尾，名曰羬羊，《中次四經》柄山有羬羊，《逸周書・王會》東北的高夷進貢嗛羊，《爾雅・釋畜》：「角三羷，羷。」我認為嗛 kyam、羬 keam、羷 giam，最接近綿羊的伊拉克阿拉伯語 ġanam，總之源自西域語言。

　　松果山，有鳥，名曰螐渠，狀如山雞，黑身赤足。原文的焉誤為鳥，我認為螐渠即焉耆、義渠、員渠、燕京、揚拒的同源字，源自印歐語的火，梵語是 agni，俄語是 ogon，源自這種鳥是紅色。

　　天帝山，有獸，狀如狗，名曰溪邊。我認為溪邊源自突厥語的狗 köpek，就是狗。

　　皋塗山，有獸，狀如鹿而白尾，馬腳人手而四角，名曰犬嬰如，我認為源自印歐語的鹿，波蘭語是 jelen，印地語是 hiran。讀音也接近麒麟，我曾指出麒麟的原型是馴鹿，馴鹿的英語是 reindeer，德語是 ren，挪威語是 rein，對應麒麟的簡稱麟。馴鹿的楚科奇語是 qoraŋy，伊捷爾緬語（Itelmen）是 qora，讀音最接近麒麟。〔註12〕

　　《西次三經》鍾山，欽丕化為大鶚，其狀如雕而黑文曰首，赤喙而虎爪。崑崙山，有鳥，狀如蜂，大如鴛鴦，名曰欽原。我認為欽丕是欽永之形誤，欽永讀音接近欽原，即藏語的鷹 khyung，對應漢語的鷲 giu。

〔註12〕周運中：《漢晉道士雜記中的中外交流史料考》，《中國港口》增刊（中國港口博物館館刊）2020 年第 1 期。

槐江山，神英招司之，其狀馬身而人面，虎文而鳥翼，英招 jang-thiô 即突厥語的馬 yont。

章莪山的畢方鳥，狀如鶴，赤文青質而白喙，是火烈鳥 flamingo，源自印度的語言 phlemingo，另見《海外南經》。

《西次四經》罷父山，源自突厥語的豹 babul。《中次二經》蔓渠山，有獸，名曰馬腹，狀如人面虎身，其音如嬰兒，是食人。馬腹也是 babul，也是豹，所以是虎身。

白於山，源自神或牛，神的梵語是 bhaga，波斯語是 baǧ，波蘭語是 bóg。牛的英語的 bull，蒙古語是 buh，土耳其語是 boǧa。《西次三經》鍾山的葆江、槐江山的勃皇、《北山經》首篇潘侯山、《北次二經》北嚻山、《東次四經》北號山、《中次四經》浮濠水、《中次七經》放皋山、《中次九經》蒲薨水、西漢張掖郡番和縣都是同源字。《北次二經》鉤吾山，有獸，狀如羊身人面，其目在腋下，虎齒人爪，其音如嬰兒，名曰麅鴞，麅鴞即 boǧa 的音譯。

邽山，有獸，狀如牛，蝟毛，名曰窮奇，音如獋狗，是食人。窮奇、獋狗源自波斯語的狼 grog，邽山是邽戎之地。

崦嵫山，有獸，其狀馬身而鳥翼，入面蛇尾，是好舉人，名曰孰湖。我認為湖即泊之誤，孰湖是孰泊，即波斯語的馬 aspa。

《北山經》首篇虢山，其獸多橐駝，橐駝 thak-dai，源自波斯語的駱駝 sotor 或 ustar。

石者山，有獸，狀如豹，而文題白身，名曰孟極。是善伏，其鳴自呼。我認為孟極是孟梧的形誤，孟梧的讀音接近蒙古語的兔猻 manuul，原圖沒有比例尺，兔猻比豹小，但看似豹，兔猻確實擅長伏擊。額頭有很多黑斑，臉頰有兩道黑紋，文題就是頭上有花紋。同篇上文譙明山，有獸焉，其狀如貆而赤毫，其音如榴榴，名曰孟槐，可以御凶。孟槐讀音也接近 manuul，類似貆（獾），榴榴讀作卯卯，讀音接近 manuul，源自兔猻的叫聲，兔猻是貓科，類似貓。

北嶽山，有獸，狀如牛，而四角、人目、彘耳，其名曰諸懷。我認為諸懷就是牛，諸懷源自西域語言，牛的希臘語是 taurus，阿拉伯語是 tawr，丹麥語是 tyr，讀音接近。

《北次二經》北嚻山，有獸，狀如虎，白身犬首，馬尾彘鬣，名曰獨狢，顯然是雪豹，也即《海內北經》、《詩經》騶虞，西漢西河郡有騶虞縣，源自蒙

古語 tsoohor irves。

《北次三經》陽山，有獸，狀如牛而尾，其頸，其狀如句瞿，其名曰領胡，領部（脖子）突出有胡（肉）的牛是印度的瘤牛，領胡的上古音即林伽 lingam，林伽是濕婆的生殖崇拜物，牛也是生殖力的象徵。

《東山經》首篇泰山，有獸，狀如豚而有珠，名曰狪狪。《東次四經》女烝山，有獸，狀如豚而有牙，名曰當康。狪狪、當康是突厥語的豬 tongus，當康讀音最近，狪狪或有誤字。

《東次二經》鳧麗山，有獸，狀如似狐，九尾九首，有虎爪，名為蠪姪。我認為是狼，突厥語的狼是 böri，鳧麗是狼的音譯。拉丁語的狼是 lupus，希臘語是 lukos，讀音接近蠪姪。《中次二經》昆吾山，有獸，狀如彘而有角，其音如號，名曰蠪蚳。《中次十一經》歷石山，有焉，狀如狸，而白首虎爪，名曰梁渠，梁渠也是 lukos，就是狼。《北次二經》有梁渠山，靠近雁門。

䃌山，有獸，狀如馬，而羊目、四角、牛尾，音如獋狗，名曰峳峳，峳峳是突厥語的馬 yont。

《東次三經》尸胡山，有獸，狀如麋而魚目，名曰妴胡。我認為妴是始，上面的夗顯然是台的形誤，始胡即尸胡，是印歐語的鹿，普什圖語是 saga，奧塞梯語是 sag，日語是 shika，所以狀如麋。

踇隅山，有獸，狀如牛而馬尾，名曰精精，我認為精精是蒙古語的牛 šar，也即沙牛。

《東次四經》北號山，有獸，狀如狼，赤首鼠目，其音如豚，名曰猲狙，是食人。猲狙 kat-tsia，是突厥語的狼，維吾爾語是 qurt，土耳其語是 kurt，愛沙尼亞語是 hunt。《中山經》首篇的渠豬山，是同源字。《中次四經》釐山，有獸，名曰犬頡，狀如獳犬而有鱗，毛如彘鬣。上古音的頡是 kiet，可能也是狼。也可能是狗，突厥語的狗是 it，獳的讀音是需，上古音是心母侯部 sio，狗的愛沙尼亞語和芬蘭語是 susi，梵語是 svaka，蒙古語是 cono。

剡山，有獸焉，狀如彘而人面，黃身而赤尾，名曰合窳，食人，亦食蟲蛇。我認為合窳是印歐語的豬，波斯語是 xuk，普什圖語是 xug。

《中次三經》青要山，中多僕纍、蒲盧。神武羅司之，其狀人面而豹文。僕纍是突厥語的狼 böri，蒲盧、武羅是突厥語的虎 bars，所以像豹。《左傳》襄公四年，后羿：「恃其射也，不修民事，而淫於原獸，棄武羅、伯困、熊髡、尨圉，而用寒浞。」后羿是射獵的部落，他的部下都以動物為氏族名稱，武羅

是虎 bars，伯困是鹿，柯爾克孜語的鹿是 bugu。熊髡是天鵝，土耳其語的天鵝是 kuğu，尥園是牛。

和山，吉神泰逢司之，其狀如人而虎尾，泰逢是泰夆之誤，即老虎，英語是 tiger。

《中次七經》姑媱山，姑媱是突厥語的綿羊 koyn，也即皋陶、許由。〔註13〕

《中次十一經》幾山，有獸，狀如彘，黃身、白頭、白尾，名曰聞獜，豬的 Avar 語是 bolon，匈牙利語是 malac，法語是 porc，英語的豬肉 pork（培根）來自法語。

看到如此多源自西域語言的動物名，我們可以肯定《山經》的原作者一定是西域人。如果動物部分最早是漢人所寫，肯定不必翻譯為外語。很多山名源自外語的動物名，證明《山經》的原作者是西域的胡人。西域民族擅長畜牧射獵，又很喜歡研究各種動物，所以很可能有西域民族在齊地參加了《山經》的編寫。我曾指出相馬的伯樂源自突厥語的泉水 bulak，九方皋就是鬼方皋。〔註14〕

康熙帝玄燁用法國傳教士測繪全國大地圖，其實上古早已有胡人參加全國地理志的編纂。

胡人擅長經商，走南闖北，所以他們很容易獲得各地的地理資料，或許就是西域的胡人畫出了《山海經》最早的地圖，所以各種動物都是胡語，再經過齊、燕人翻譯，寫成文字，所以出現很多誤讀，翻譯出動物名字都很奇怪。

王嘉《拾遺記》卷四秦始皇元年：「騫霄國獻刻玉善畫工名裔。使含丹青以漱地，即成魑魅及詭怪群物之像；刻玉為百獸之形，毛髮宛若真矣。皆銘其臆前，記以日月。工人以指畫地，長百丈，直如繩墨。方寸之內，畫以四瀆五嶽列國之圖。」騫霄的讀音非常接近上文的燕國方士高誓、甘需，我已經指出源自草，是渠搜、姑臧、哥舒、斛薩、哈薩克的同源字。騫霄國在西北，此國人為秦始皇畫地圖，不知是否有依據，或有可能。

第六節　從《海經》結構看成書

比較《海外、海內經》、《大荒、海內經》可以發現，兩個系統雖然有很多

〔註13〕周運中：《中國文明起源新考》，第336～340頁。
〔註14〕周運中：《中國文明起源新考》，第204頁。

同源的內容，但也有差異。《海外、海內經》條目很短，《大荒、海內經》有較長的傳說。《海外、海內經》有明確方向，《大荒、海內經》多數內容看不出方向。《海內經》的方向更可靠，除一些西北的條目缺乏方向，前後連貫。《海外、海內經》有豎亥測量大地的傳說，《大荒經》沒有，顯然《海外、海內經》的作者關注大地測量。

《大荒、海內經》另有詳細之處，《海外、海內經》每篇後附一句：

南方祝融，獸身人面，乘兩龍。（《外南》）

西方蓐收，左耳有蛇，乘兩龍。（《外西》）

北方禺強，人面鳥身，珥兩青蛇，踐兩青蛇。（《外北》）

東方勾芒，鳥身人面，乘兩龍。（《外東》）

這是五行之神，在《大荒經》中不是放在每篇最後，而是每篇中間：

東海之渚中有神，人面鳥身，珥兩黃蛇，踐兩黃蛇，名曰禺䝞。黃帝生禺䝞，禺䝞生禺京，禺京處北海，禺䝞處東海，是惟海神。（《荒東》）

南海之渚中有神，人面，珥兩青蛇，踐兩赤蛇，名曰不廷胡余。（《荒南》）

西海渚中有神，人面鳥身，珥兩青蛇，踐兩赤蛇，名曰弇茲。（《荒西》）

北海之渚中有神，人面鳥身，珥兩青蛇，踐兩赤蛇，名曰禺強。（《荒北》）

顯然《大荒經》每篇中間海渚中珥蛇踐蛇的神組成一個體系，《海外經》的四個神就是由此發展而來，雖然改動了三個神，換上了後世常見的那個體系中的三個成員，但保留人面鳥身、左耳有蛇，乘兩龍應該來自踐兩蛇。

在《大荒經》中還有四方、四方風的名稱：

東方曰折，來風曰俊，處東極以出入風（《荒東》）

有神名曰因因乎，南方曰因乎，誇風曰乎民，處南極以出入風（《荒南》）

有人名曰石夷，來風曰韋，處西北隅，以司日月之長短（《荒西》）

有人名曰宛，北方曰鳧，來之風曰狻，是處東極隅，以止日月，

使無間出沒，司其短長（《荒東》）

東方神在《荒東》的中間，南方神在《荒南》的中間，但是西方神在《荒西》的開頭，在西北部，北方神在《荒東》的末尾，在東北部，西方神和北方神都被調到角落，不知是錯簡還是故意調整。

《大荒、海內經》比《海外、海內經》多出記十二座日月出入的山：

> 東海之外，大荒之中，有山名曰大言，日月所出。
>
> 大荒之中，有山名曰合虛，日月所出。
>
> 大荒中有山，名曰明星，日月所出。
>
> 大荒之中，有山名曰鞠陵，於天東極，離瞀，日月所出。
>
> 大荒之中，有山名曰猗天蘇門，日月所生。
>
> 東荒之中，有山名曰壑明，俊疾，日月所出。（以上《荒東》）
>
> 西海之外，大荒之中，有方山者……日月所出入也。
>
> 大荒之中，有山名曰豐沮玉門，日月所入。
>
> 大荒之中，有龍山，日月所入。
>
> 大荒之中，有山名曰日月山，天樞也，吳姬天門，日月所入。
>
> 大荒之中，有山名曰鏖鰲鉅，日月所入者。
>
> 大荒之中，有山名曰常陽之山，日月所入。
>
> 大荒之中，有山名曰大荒之山，日月所入。（以上《荒西》）

《大荒東經》的山是日出之地，《大荒西經》的山是日沒之地。還有日月之母浴日之地：《荒南》：「東南海之外，甘水之間，有羲和之國，有女子名曰羲和，方浴日於甘淵。羲和者，帝俊之妻，生十日。」《荒西》：「有女子方浴月，帝俊妻常羲生月十有二，次始浴之。」《國語・楚語下》觀射父講的重、黎分掌祭天和世俗事務，變成分開天地，《荒西》：「顓頊生老童，老童生重及黎，帝令重獻上天，令黎邛下地，下地是生噎，處於西極，以行日月星辰之次。」

《大荒經》有些傳說中也充滿了對風雨日月的解釋：《荒北》：「應龍已殺蚩尤，又殺夸父，乃去南方處之，故南方多雨……魃不得復上，所居不雨。叔均言之帝，後置之赤水之北。」作者認為南方多雨、北方多旱，源自應龍去南方居住，旱魃去北方居住。不僅有逐旱巫術，還有求雨巫術，《荒東》：「應龍處南極，殺蚩尤與夸父，不得復上，故下數旱。旱而為應龍之狀，乃得大雨。」

《大荒經》中還有浴淵一說：

> 北旁名曰少和之淵，南旁名曰從淵，舜之所浴也。

> 又有白水山，白水出焉，而生白淵，昆吾之師所浴也。（以上
> 《荒南》）

> 附禺之山，帝顓頊與九嬪葬焉……丘西有沈淵，顓頊所浴。
（《荒北》）

巫師在祭祀之前沐浴，《論語·先進》曾晰曰：「莫春者，春服既成；冠者五六人，童子六七人，浴乎沂，風乎舞雩，詠而歸。」不過《山海經》的浴淵都在南亞，源自南亞宗教的沐浴風俗。

總之，《大荒經》重視天文氣象，而《海外經》重視地理，所以《海外經》把四方海神改為常見的五行神，還加上了禹令豎亥測量大地的故事。從《淮南子》引用《海外經》來看，《海外經》的改造很早就有。而且這種改造來自地理派的學者，我認為地理派的學者就是《山經》作者。地理學派學者為了讓《海經》和《山經》合併，才把《海經》的原始版本《大荒經》改造成了《海外經》，又加上了一些內容成為《海內經》，顯得內外對應。地理派的學者非常重視方向，所以特地在《海外經》的條目之間加上了嚴格的方向。而《大荒經》的原始作者是齊、燕航海者，航海者最重視天文、氣象，所以作者非常重視四方海神和風神，他們原本就不重視海內的描述。

因為地理學家推崇大禹，所以把四方的多個族名都加上禹攻、鯀攻的故事，試圖都附會到夏朝，甚至南亞的歌舞也被附會到啟的身上，刑天被附會為夏耕之尸，孟塗附會為啟的大臣，都不可信。有人信以為真，去探討《山海經》和夏朝的關係，是誤入歧途。

遠在葉尼塞河源頭的相柳（蛇）本來是印歐人的神話，也被附會為大禹所殺，大禹和夏朝的文化不可能到此。

八篇《海外經》、《海內經》形成兩個方框，五篇《大荒經》、《海內經》五篇似乎也是兩個方框。但是我們看到全書最末的《海內經》多條都在很遠的地方，甚至在西域流沙之外，在北海（貝加爾湖）之西，末尾的部分是原來不屬《山海經》的《世本》，所以我認為《海內經》原來不存在，是古人無法整理《大荒經》脫落的簡牘，就合併為一篇，稱為《海內經》，又把另一部獨立的《世本》誤編在書中。

所以我們現在看到的《山海經》其實包括三本書：《山海經》、《水經》、

《世本》。如果分開《山經》和《海經》，則包括四本書，《山海經》真是我們現在看到的唯一上古百科全書，極其珍貴。

則《大荒經》原來僅有四篇，從內容可以清楚看出這四篇的大體結構是：

1.《荒東》：從東南到東北

2.《荒南》：從西南到東南

3.《荒西》：從西北到西南

4.《荒北》：從東北到西北

如果畫在紙上，確實是一個逆時針方框，但是這四篇不是按照逆時針順序，而是按照東、南、西、北，以東為上。

而《海外經》是四篇則是順時針順序：

1.《外南》：從西南到東南

2.《外西》：從西南到西北

3.《外北》：從東北到西北

4.《外東》：從東北到東南

四篇大體上是順時針順序，唯有南方需要改變為從東向西，才能符合四篇的順時針順序。如果改變南方的方向，則也可以從東南方開始順時針，這和《大荒經》從東南方開始的逆時針順序雖然相反，但是有一個共同點，都是從東南方開始。《海內經》也是從東南方開始，《山經》也是從東南方開始，證明《山海經》的作者認為地理敘述都要從東南方開始，我認為這可能因為用指南針觀測方向，為了從南方開始組成一個循環，必須從東南方開始敘述。

因為這是形而上地安排，所以《海內經》竟然從中原人極不熟悉的甌、閩開始，齊地的航海者從海路到達甌、閩，所以原文認為甌、閩在海中，連甌、閩在大陸上都不清楚，非要從甌、閩開始敘述。

現在我們看到的《海外南經》是從西南開始，或許是作者為了改變原有的東南方開始順序，改從西南方的印度開始敘述。《海外南經》在西南的起點是結匈國，在今印度西北部的喜馬偕爾邦，再往北到大樂之野（在今達麗爾）就是《海外西經》，可是達麗爾在喀喇崑崙山之南，照理不應被歸入西方，而應在南方。但《大荒西經》末尾的西南方也是如此，天穆（大樂）之野也是在南亞，也是被歸入西方。或許因為原作者是塔里木盆地人，對高原有強烈的認同，所以認為帕米爾高原上的達麗爾在其家鄉的西部。

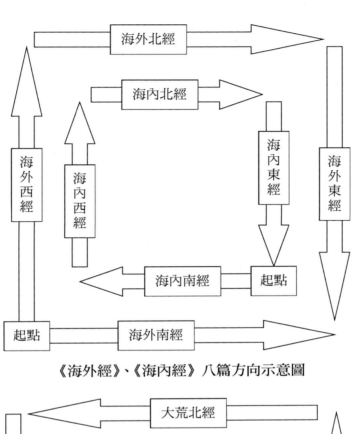

《海外經》、《海內經》八篇方向示意圖

《大荒經》、《海內經》五篇方向示

第七節　原圖作者是西域塞人

上古的東方人如果要去西域，或許還可以理解。但是要再從西域去印度，難度很大。而作者熟悉印度的西北部，不僅記載了盈民（亞穆納）國（秣菟羅國）的姓氏，還記載了不死國（薩他泥濕伐羅國）的姓氏，還熟悉其北部青藏高原上偏僻的札達和普蘭。秣菟羅國是商路上的重要城市，古羅馬老普林尼的《博物志》記載 Jomanes（亞穆納河）流經 Methora（秣菟羅國）。法顯曾到摩頭羅國（秣菟羅國），《法顯傳》記載：「從是以南，名為中國。中國寒暑調和，無霜雪，人民殷樂。」

從印度西北部、阿富汗東北部、巴基斯坦北部特別詳細來看，作者很可能是從帕米爾高原經過塔什庫爾干縣，到過印度的西北部，或者從商人手中得到了印度的地圖。因為作者不是印度人，所以《大荒西經》稱在今印度的壽麻 Soma 之野有大暑，不可以去。作者的家鄉多山，所以他認為印度的大平原很神奇，可以沒有回聲。

原作者在《海外南經》記載了南山來的人，稱蛇為蟲，稱蛇為魚，這是印度的語言，證明作者的家鄉在印度之北。楚人不可能稱印度北部的雪山為南山，所以作者不可能是楚人。作者不必在地圖上畫出蟲和蛇，應該是他親自到了漢地，講述印度的情況給漢人聽，漢人記下。因為路上要翻越艱險的大雪山，所以作者一定要提到南山。

因為作者不是印度人，所以《海外南經》記載三珠樹是菠蘿蜜，《大荒南經》記載盈民（亞穆納）國人吃芒果，不死之民吃甘木（甘蔗），這些熱帶水果在溫帶人看來非常奇特，所以特地記載。

印度東北部到緬甸、雲南、廣西的資料是作者間接獲得，所以越往東的信息越模糊，嶺南的信息很少。雲南還能有民族服飾、壽命、姓名和藥材的詳細描寫，廣西、廣東僅有地名。而華南和福建、臺灣的信息，應該主要是來自沿海南下的齊、燕方士，所以主要是描寫南方沿海的疍民，內陸的信息很少。因為作者不是印度人，也不是從印度的東北部到東方，所以全書看不到從雲南、貴州到中原的詳細路線。

印度河在《西次三經》稱為醜塗水，源自 Sindhu，而《大荒南經》稱為朽塗，源自伊朗語族的 Hindu，證明作者是塞人，塞人語言屬伊朗語族。《西次三經》是漢化的翻譯，而《大荒南經》保留塞語原貌。

作者從塔里木盆地南部的于闐、樓蘭向東進入中原，這條線路就是《西

次三經》、《海外西經》、《大荒西經》。作者不熟悉天山以北的信息，天山以北的資料是從燕國北部經過蒙古獲得。

和田是塔里木盆地南部最大的國家，作者很可能是和田的塞人，所以《海內西經》的崑崙山記載了塞人的生命樹上有隼鳥也即森木鹿 Saena，有塞人巫師吸食的大麻也即離朱 nesha，用巫師的毒藥曼兌也即曼陀羅 mandala，有光明樹雒常（琅玕）roxan，有印歐人的水神窫窳 aruna，殺死窫窳遭到天帝懲罰的禁忌神話證明作者特別崇拜水神，他的家鄉是缺水的塔里木盆地。

作者還畫出了塞人的女祖先是半人半蛇，即《大荒西經》的女媧之腸，下半身的多條蛇被誤認為腸。

因為作者的家鄉在和田，所以書中認為世界上最好的地方是沃野，就在塔里木盆地。作者熟悉高原上的女國王西王母，熟悉和田南部的崑崙山，所以書中有詳細的描述。作者描述長沙山（庫姆塔格）之西的車爾臣河，連水路 460 里都有記載，描述流沙向西南流到崑崙山，描述了崑崙山中的活火山，描述了崑崙山所出的各條河流，描述了河流尾閭在沙漠中分為兩個湖，描述了崑崙山附近各山周圍的景象，描述了西王母用三青鳥（黑鵰）來占卜豐歉，描述了帕米爾高原以西的拜火教三駝雙鳥火壇，描述了西亞的火烈鳥，都很可信。因為作者是塞人，塞人的語言是印歐語，所以書中有很多印歐語，但是書中也有天山以北的突厥語，證明作者也熟悉突厥文化。

整個《山經》，唯有塔里木盆地的東南部最詳細，往往有長篇描述其四周的景象和水系、生物、礦產，作者家鄉一定在此附近。

現在還極少有人去過和田南部的火山，這座火山爆發很少人知道，如果作者不是這附近的人，或者不是塞人，很難解釋！

因為作者是來自塔里木盆地西南部的塞人，所以書中詳細描寫了軒轅國（和田）人長壽，描述了塔什庫爾干的公主堡和女王。作者還說公主堡中的女王住在門中，也有可能是在河中，這是因為河流 darya 和門 dar 的讀音接近，所以原作者一定是西域人。

因為作者是和田人，《海外西經》軒轅丘就是和田 Hvana，窮山源自其東部的扜彌國，窮山人不敢西射軒轅丘，證明作者就是和田人。軒轅丘四周有蛇，源自塞人祖先是蛇。

因為作者是和田人，和田人崇拜牛，所以《西次三經》記載鍾山（在今且末縣）的鼓和欽永殺死葆江（牛），而受到天帝懲罰，鼓是龍，欽永是藏語

的鷹，龍指月氏人，欽永指藏人，這個故事也是禁忌神話，指外族殺死和田人的聖物要遭到懲罰。

齊國人熟悉和田人，《管子》五次提到玉出於禺氏之邊山，一次說玉起於牛氏之邊山，禺氏即牛氏，就是和田，和田的地名 Gostana 源自牛。齊國人能得到和田玉，則很可能有和田商人到齊地。書中還記載了玉門，還記載了玉門關的豐沮也即印歐語的泉水。

最重要的證據是《海外東經》記載豎亥測量大地，從東極到西極，豎亥的上古音的 zjio-hə，讀音接近塞 Saka。

胡人在戰國時期能到南方，湖北江陵望山的戰國楚墓出土了兩件人騎駱駝銅燈，顯然已有胡人騎駱駝到達楚地。

據前人研究，荊州望山 1 號墓的墓主是悼固，下葬時間約在前 331 年，這個時間恰好在我考證的《山經》寫作時間之前的 20 多年，胡人在此前已經來到楚地。我認為胡人有可能在這幾十年間有可能調查各地山川，畫出《山海經》的原始地圖。

胡人駱駝銅燈的造型影響了漢代的胡人俑陶燈座，1955 年廣西貴縣（今貴港）高中工地 14 號墓出土了東漢胡人俑陶燈座，2009 年廣西合浦縣僚尾 M13b 出土的東漢胡人俑陶燈座，秦漢嶺南的很多物品受到楚文化影響，又是接觸西方世界的前沿，所以出現了胡人俑陶燈座。

荊州戰國駱駝銅燈、廣西合浦、貴港漢代胡人俑陶燈座

2019 年，考古隊在秦始皇陵外城西側陵區發掘出一枚金駱駝，2020 年又發掘出一枚銀駱駝，這是目前國內發現最早的金銀駱駝，顯然來自西北邊疆。〔註15〕《史記·大宛列傳》記載漢武帝攻大宛時，大宛城中有秦人，教大宛人打井，或許是秦朝時向西域的移民。

湖北、湖南的很多楚墓還出土了來自西域的玻璃珠，應是胡人傳入。湖北隨州的曾侯乙墓出土了 173 顆鈉鈣玻璃珠，產地是埃及或地中海東岸。楚國還模仿西方科技，燒出鉀鈣玻璃，後世俗稱為蜻蜓眼。廣東肇慶松山出土了戰國時代楚國的玻璃珠，西漢南越王墓出土了兩顆戰國時代楚國的玻璃珠，山西長治分水嶺也出土了戰國時代鉀鈣玻璃珠。

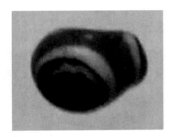

長治、肇慶和廣州南越王墓出土的戰國玻璃珠

商人非常重視地圖，我們現在看到很多明清時代徽商畫的地圖冊，牛津大學還有明末閩南海商畫的海圖，古代的胡商也一定重視地圖。

希羅多德的《歷史》記載的從西亞到中亞路程，來自前 6 世紀或 7 世紀的希臘人阿里斯梯阿斯（Aristeas），他曾經漫遊到阿爾泰山以東的北海（貝加爾湖），寫有詩集《獨目人》。可見希臘人很早就到過中亞，或許也有希臘人到達更遠的東方，而中亞的胡人到達東方更是容易。希羅多德記載的帕米爾高原、天山和阿爾泰山的民族資料非常重要，前人已有一些研究，我將在我的上古草原文明專著中再作詳細考證。

我根據上文的考證，概況《山海經》全書的寫作過程是：

1. 西域的胡人來到中原，調查山川，收集資料，最早畫出了《山海經》的地圖，其實是真正的作者。或許也有漢人和胡人一起調查，或許胡人也綜合了漢人的資料。

2. 胡人的原始山海圖，在齊宣王或齊愍王的時代，被齊人翻譯為漢語，

〔註15〕蔣文孝：《秦始皇陵陵西墓葬的勘探與發掘》，《藝術品鑒》2021 年第 7 期。

寫成文字。翻譯者對圖上的動物和民族產生很多誤解，甚至對漢譯的族名產生很多望文生義的穿鑿附會。此時的《山海經》包括《山經》和《大荒經》，《山經》就是海內之經，《大荒經》就是海外之經。蒙文通誤以為《山經》和《海外經》分別指海內、海外，袁珂信從，這是他們未發現成書的真相。

3. 燕昭王破齊後，獲得了《山海經》。燕國人刪改《大荒經》為《海外經》，加上了燕國人新作的《海內經》，產生了《山海經》的一個版本。從《海外南經》選擇的《大荒南經》內容來看，燕人感興趣的是神仙羽人、噴火幻術、珠樹、不死之人等條目，正是燕昭王關心的神仙內容。

4. 劉向、劉歆校書時採用了新版本，幸而郭璞又收集到《大荒經》，成為我們今天看到的全本。

從胡人的原始地圖，變成漢譯本的《山海經》，有兩大遺憾。最大的遺憾是丟失了原有的地圖，雖然地圖上的事物也未必很精確，但是很多動物的繪畫，比文字表達更直觀。從圖畫變成文字，也會產生很多錯誤，必須要依靠原圖才能校勘。古人很不重視地圖，唐代宰相李吉甫主編的全國地理志《元和郡縣圖志》，竟然也丟失了地圖，古代書目著錄的很多地圖都丟失了。這是儒家不重視科技產生的惡果，文字抄寫不費腦力，摹繪地圖則很難。

第二大遺憾是丟失了原圖，剩下漢譯的文字，很容易被人望文生義，牽強附會，再被無知的文人添油加醋，衍生為小說。很多奇怪的描述都是來自這種脫離原圖的編造，後世又有好事者根據這些誤解畫成所謂的圖畫，真是錯上加錯，愈發不可收拾。

有些人孤陋寡聞，不敢接受《山海經》原圖作者是西域胡人的事實，其實歷史上從來不存在任何獨立發展的文化，我早已指出，仰韶文化的尖帽雙魚人像就是臨摹兩河流域的水神，從尖帽到雙魚都一模一樣，證明6000多年前的漢族就引進了西方的水神。大麥、小麥、家羊、冶銅、冶鐵等很多技術，都是在上古從西域傳來。

漢武帝以胡人金日磾為託孤大臣，唐朝更開放，大量外族在朝廷為文臣武將。古今中外的歷史都證明，越開放才越強大。人類在一萬年前都差不多，但是交流多的地方進步快，亞歐大陸發展最快，其次是非洲中南部，閉塞的美洲和澳洲發展最慢，這就證明越封閉就越落後。所謂純粹的文化不僅從來不存在，而且越孤立就越落後，過度強調自身的特色不是好事。

西亞阿卡德時期的綠石印章〔註 16〕

西亞的尖帽水神埃阿雙肩有魚和仰韶文化的人首雙魚完全一致

　　元朝用回回人理財，還設立回回司天監，引進很多西方科技。清初的康熙帝玄燁不僅任用歐洲的傳教士測繪全國地圖，還任用歐洲傳教士湯若望（Johann Adam Schall von Bell）修訂了曆法，很多人不知道所謂的傳統農曆其實是經過歐洲人修訂的版本。雍正帝胤禛比康熙的開放心態已經差很多，但是仍然任用西洋畫家郎世寧等人，胤禛自己也穿戴歐洲人的服裝和假髮，留下畫像。等到乾隆帝弘曆、嘉慶帝顒琰越來越排斥歐洲文化，清朝也就開始比歐洲落後了，很快就在鴉片戰爭中失敗。

　　我們現在的衣食住行多是外來文化，主要的布料棉花來自西域，食品多數來自海外：

　　1. 古代從西域和印度引進的食物有：高粱、葫蘆、葡萄、石榴、芝麻（胡

〔註 16〕安東・穆爾特卡、伊薩・蘇勒曼著，周順賢、袁義芬、朱一飛譯：《古代伊拉克藝術》，南京大學出版社，2010 年，第 114 頁。

麻)、蓖麻、黃瓜(胡瓜)、綠豆、豌豆、蠶豆、胡椒、芹菜、菠菜、甜菜(莙
蓬)、芥菜、萵苣、茼蒿、杏、巴旦杏、蘋果、櫻桃李、黑醋栗、核桃(胡桃)、
開心果(阿月渾子)、沙糖、大蒜(胡蒜)、胡蔥、茴香(八角)、小茴香(蒔
蘿)、芫荽(胡荽)、甜瓜(菜瓜)、西瓜、胡蘿蔔、茄子、絲瓜、無花果、阿
魏、五倍子、棗椰、油橄欖(齊墩果)、阿勒勃、葫蘆巴、番木鱉、蘇合香、
乳香、薰陸香、沒藥。其中杏、蘋果、櫻桃李、黑醋栗的原產地是新疆西北
部,高粱、葫蘆、甜瓜、西瓜的原產地是非洲,胡椒、茄子、綠豆、黃瓜、絲
瓜、沙糖的原產地是印度,其餘來自西亞和歐洲。

　　2. 古代來自嶺南和南洋的食物有:紅小豆(赤豆)、香蕉、荔枝、龍眼、
椰子、柚子、橙子、生薑、桂皮、豆蔻、丁香、甘蔗、芒果、菠蘿蜜、檸檬、
余甘子、橄欖、冬瓜、芋頭、蕹菜(空心菜)、菌菇、苦瓜

　　3. 明清西方人從美洲引進東方的食物有:番茄、玉米、土豆、番薯、花
生、辣椒、番木瓜、南瓜(番瓜)、四季豆、向日葵、西葫蘆、佛手瓜

　　4. 近現代從西方引進的蔬菜有:洋蔥、花菜、西蘭花、捲心菜、紫甘藍、
生菜、蘆筍、咖啡、秋葵、迷迭香

　　5. 近代引進的亞太熱帶水果有:山竹、蛇皮果、紅毛丹、麵包果、榴蓮
蜜、龍宮果、木蘋果

　　6. 現代引進的美洲水果有:菠蘿、牛油果(鱷梨)、藍莓、火龍果、蓮霧、
碧根果、夏威夷果、腰果、番荔枝、番石榴(芭樂)、可可、百香果、人心果、
燈籠果、黃金果

　　外來食物多達近百種,現在普通人的生活都離不開這些食物。中原本土
的蔬果已經成為少數,現在日常食用的僅有大豆、白菜、蘿蔔、蔥、韭菜、黃
花菜、竹筍、薺菜、山藥、桃、李、棗、梨、栗、梅、枸杞、桑葚、蓮藕,現
代人已較少食用蕨、葵、荇、蒲、萍、藻、茅、木瓜,而茨菇、蓴菜、銀杏來
自江南。有些《詩經》中出現的食品也是外來食品,比如《豳風・七月》:「六
月食鬱及薁……七月食瓜,八月斷壺。」鬱是櫻桃李,薁是黑醋栗(黑加侖、
野葡萄),原產地在伊犁和塔城。現在有的注本誤以為是李和葡萄,其實櫻桃
李不是中原的李,葡萄是漢朝才傳入。瓜是甜瓜,壺是葫蘆,原產地都是非
洲。現代建築源自西方,養馬和馬車都是源自中亞,現在的汽車來自英美,
我們現代用的電器基本是美國人發明。

　　豳是周人故地,周人在西北,能夠最早引進西方的多種食品。周人、秦

人的崛起都是因為能夠最早引進西方的科技，我將在上古草原文明一書中詳細論證。偏偏周人是靠西方戎狄的車馬和兵器才打敗商朝，每天要夢見周公的孔丘卻要散佈華夷之防的謬論。

第八節　亞歷山大東征與《山海經》

因為《山海經》的原作者是西域塞人，記載的很多故事也傳到了西方，李約瑟已經指出古羅馬的斯特拉波和老普林的書中有類似的怪人，比如刑天和長耳人，我在上文已經指出刑天故事源自印歐人，我將在上古草原文明的書中詳細破解刑天的故事。長耳源自熱帶民族戴耳環拉長耳垂，南亞和東南亞常見，所以也傳到了西方。

從世界歷史的角度來看，《山海經》的出現是東西方文化大交流的結果。亞歷山大大帝前336年20歲即位，前332年征服埃及，前330年征服波斯，前329到327年征服中亞，前327到325年征服印度，從印度河口返回西方，前323年在巴比倫逝世，享年33歲。前321年，亞洲攝政王頗第卡斯（Perdiccas）被殺，各地混戰。前312年，巴比倫總督塞琉古‧尼克托（Seleucus Nikator）建立了塞琉古帝國，前307年征服中亞。《山海經》在塞琉古帝國時期寫成，《山海經》最西端恰好到達塞琉古帝國的邊界。

亞歷山大在印度總督菲利普被殺，印度摩揭陀國人旃陀羅笈多，推翻了難陀王朝，驅逐了希臘人，建立了印度歷史上第一個統一的王朝孔雀王朝。他用500頭大象換取了印度河流域，擴張到伊朗高原的東部。

上文考證了《山海經》是在前306年之後不久成書，此時正是塞琉古帝國和孔雀王朝瓜分中亞的時候。亞歷山大征服的故事肯定傳到了塔里木盆地，或許還有中亞的塞人東逃到塔里木盆地。亞歷山大曾經攻打印度河的上游，很多人逃往上游的河谷。

前304年，塞琉古帝國和孔雀王朝簽訂和約，使中亞和印度獲得和平局面，此時商業繁榮，所以和田的塞族商人很可能作為中亞和東方的商業樞紐而在各地之間來往。

人騎駱駝銅燈所在的湖北楚墓時間約在前331前，恰好是在亞歷山大東征之後不久，這是偶然的嗎？

前331年是秦惠文王七年、魏惠王第三十九年（後元四年），秦惠文王的父親秦孝公用商鞅變法，秦國實力大增。秦惠文王更元九年（前316年）滅

蜀國，擁有四川盆地。更元十年，伐取義渠戎二十五城。義渠戎是月氏人，秦國在西北的疆域大為擴展。

魏惠王十九年（前 351 年）在上郡（今陝北）的西部築長城，此時魏國也可以直接從西北通往西域。《水經注》卷三十六《青衣水》：「（青衣）縣，故青衣羌國也。《竹書紀年》梁惠成王十年，瑕陽人自秦，道岷山青衣水來歸。」可見此時魏國也聯合岷山的羌人，試圖包圍秦國。秦、魏在西北爭霸，兩國的強大吸引胡人前來通商。

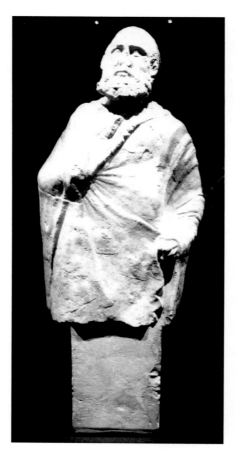

阿富汗的希臘城市艾哈農的赫爾墨斯石柱、
貝格拉姆希臘風格的恒河女神像

東西方的商人都需要對方土地上的地理和商業信息，《山海經》就是因此產生，《山經》主要是東方的地理信息，是胡人要告訴西方人的重要商業情報。西域胡人也畫出了中亞和南亞的地圖，被齊國人翻譯，加上齊國航海者

獲得的東方海外地理信息、燕國人獲得的北方草原地理信息，在齊國都城臨淄寫成了《海經》的祖本《大荒經》。

西晉汲郡人不准，盜掘魏襄王冢，發現《竹書紀年》、《穆天子傳》，《竹書紀年》截止魏襄王二十年（299年），則《穆天子傳》成書在此前不久。《穆天子傳》有西周的史料依據，但是全書主要是根據戰國商人的資料寫成。記載從中原到崑崙山的去路是從黃河源頭到崑崙山，回路是經過河西走廊。《穆天子傳》的寫作年代恰好和《山海經》大體同時，《穆天子傳》是第一部漢語西域絲綢之路的專著，在此時出現，正反映了東西方絲路的繁榮。

因為魏國、趙國都要和秦國爭奪西域商品，所以都想探索西域商路。《穆天子傳》記載的西域商路就是塔里木盆地的南道，現在黃河源頭和柴達木盆地仍然人煙稀少，藏北高原更是四季常冬，上古的周穆王不可能去，普通商人也不可能去，所以《穆天子傳》的去路其實是根據西域的傳聞編寫，回路比較可靠。我將在上古草原文明的專著中，詳考《穆天子傳》。

亞歷山大東征是人類歷史上的大事，人類歷史上首次出現了地跨亞、歐、非三大洲的大帝國，涵蓋了除了華夏之外的所有文明古國。亞歷山大的軍隊中有很多地理學家，在各地收集生物標本，測繪地圖，使希臘人瞭解東方。還使希臘文化直接傳到中亞和印度，希臘人在東方的王國延續了300年。貴霜帝國雖然不是希臘人建立，仍然受到希臘文化的強烈影響。亞歷山大的帝國模式刺激印度人建立歷史上第一個統一王朝孔雀王朝，也刺激中國人建立了歷史上第一個統一王朝秦朝。

健馱邏1～3世紀的希臘海神特里同像、擎天神阿特拉斯像

印度西北的希臘王國國王米南德一世（Minander I，約前160～135年），率軍一直打到孔雀王朝的都城華氏城（在今巴特那）。米南德皈依佛教，反映了希臘文化和佛教文化的融合。

希臘文化不僅對中亞和南亞產生了深遠的影響，還影響了更遠的東方。秦始皇兵馬俑對人體的逼真塑造，就是受希臘文化的直接影響。所以兵馬俑在東方的歷史上是空前絕後，因為本來就是源自西方文化，而不是純粹的東方本土文化。這也是《山海經》空前絕後的原因，因為《山海經》也是源自西方文化，而不是純粹的東方本土文化。〔註17〕

1983年，美國弗利爾美術館的顏料科學家伊麗莎白・韋斯特・菲茲・胡格（Elisabeth West Fitz Hugh）等人，首次從漢代彩陶器、紫色八棱柱、藍色八棱柱的顏料中，發現自然界未曾發現的矽酸銅鋇，稱為漢藍（$BaCuSi4O10$），即中國藍。1992年，又發現漢紫（$BaCuSi2O6$），即中國紫。1994年，南非才發現唯一的天然礦物$BaCuSi4O10$。2007年，馬清林發現甘肅禮縣大堡子山春秋墓的紡錘形料珠中有中國紫。2008年，夏寅發現山西漢墓陶器上有中國紫和中國深藍（$BaCuSi4O7$）。〔註18〕秦始皇帝陵博物院與德國巴伐利亞州文物保護局的合作研究發現，秦始皇陵兵馬俑上面也有中國紫（$BaCuSi4O6$）。中國藍、中國紫含有很多鉛，源自鉛基玻璃和鉛釉工藝。寶雞茹家莊西周魚國墓的玻璃管、玻璃珠，以氧化鉛為助熔劑，以氧化亞銅為著色劑，並含有相當可觀量的氧化鋇，氧化鉛和氧化鋇是中國獨有的玻璃。

古埃及人在西元前3500年前發明的埃及藍，最初是玻璃釉料，發展為顏料，流傳到地中海周邊很多地方。埃及藍的成分是矽酸銅鈣（$CaCuSi2O6$或$CaCuSi2O10$），中國藍的成分是鋇銅矽酸鹽，用鋇取代鈣。燒製矽酸銅鋇的條件較為苛刻，要將青石綠、重晶石、硫酸鋇、石英等多種物質混合在1000度左右的高溫進行反應。2000年，蘇黎世大學配位化學研究所教授海因茨・伯克（Heinz Berke）發表文章，提出中國紫源自於埃及藍，埃及藍在西元前1000年已經傳到西亞。最早出現中國藍的地方在西北，比埃及藍晚了3000年，比西亞晚了500年，從西向東傳播的路線非常清楚，所以我認為中國藍的燒製

〔註17〕段清波：《從秦始皇陵考古看中西文化交流》，《西北大學學報（哲學社會科學版）》2015年，第1～3期。

〔註18〕張治國、馬清林、海因茲・貝克、梅建軍：《中國古代人造矽酸銅鋇顏料研究》，《中國文物科學研究》2011年第4期。

技術，無疑是來自西域。

大堡子山是秦人墓地，《史記‧秦本紀》記載秦人來到之前是戎狄之地，甘肅省張家川馬家原遺址發現的彩陶上有中國深藍和中國紫，〔註19〕馬家原遺址也是戎狄文化，出土文物上萬件，其中很多是西域風格，包括設計複雜、裝飾精美的馬車，還有琉璃杯、鎏金青銅繭型壺、金項圈、銀盃，還有鑲嵌的瑪瑙、綠松石、肉紅石髓、陶珠的金耳環，還有很多鹿、虎、鷹、馬、狼、牛、豬、羊形金箔。從這些遺址的族群特性來看，中國藍應該是源自埃及藍。

而且中國傳統的五行之色是青、赤、黃、白、黑，沒有藍色和紫色。紫色原來不是高貴的顏色，春秋時期才開始流行，所以才有《論語‧陽貨》：「惡紫之奪朱也，惡鄭聲之亂雅樂也。」

反對的人認為中國藍出現比絲綢之路早，我認為這種反駁非常荒謬，中國藍的出現就是絲綢之路開通的最有利鐵證。絲綢之路開通的證明，必須是文物而不是文獻記載，張騫之前早已有絲綢之路。劉徹是派張騫去聯絡月氏夾攻匈奴，又不是去開通絲綢之路。絲綢之路不是漢代才開通，現在已經不需要討論。反對者的第二個理由是中國人用鋇代替鈣，自然界中含鋇的礦物稀少，中國藍燒製的溫度要求更高，所以中國藍是中國人的創新。我認為這確實是創新，但是這種創新是在埃及藍基礎上的創新。因為我們對歷史瞭解很少，所以中國藍創新過程中改鈣為鋇或許是偶然的發現。

漢代的陝西、河南、甘肅、江蘇、山東等地還有中國紫和中國藍，很可能是伴隨鉛玻璃的技術的失傳而失傳。東漢王充《論衡》：「道人消爍五石，作五色之玉，比之真玉，光不殊別。」證明道士是引進西方科技的先鋒，《山海經》的改寫者很可能是齊、燕方士。

秦始皇曾經鑄造十二個極其高大的金人，放在宮中，《秦始皇本紀》二十六年：「收天下兵，聚之咸陽，銷以為鍾鐻，金人十二，重各千石，置廷宮中。」《漢書‧五行志下之上》：「《史記》秦始皇帝二十六年，有大人長五丈，足履六尺，皆夷狄服，凡十二人，見於臨洮。」臨洮在今甘肅隴西，可見這十二個金人的源頭在西方，漢代休屠王有祭天的金人。古代就有人以為這種金人是佛像，宋代王楙《野客叢書》卷十：「觀《漢武故事》，昆邪王殺休屠王，以其眾降，得金人之神，上置之甘泉宮。金人皆長丈餘，其祭不用牛羊，惟燒香禮

〔註19〕 Heniz Berke、張治國、Tristan Corbiere：《古代中國人造藍紫矽酸銅鋇顏料》，《文博》2009 年第 6 期。

拜。上使依其國俗……今人惟知佛法人中國自明帝始，不知自武帝始也。」
其實這不是佛教，很可能是瑣羅亞斯德教。

　　佛教也受到希臘文化的強烈影響，佛教原先不重視人體塑造，正是在南
亞和中亞之交的健馱邏國（今巴基斯坦白沙瓦）產生了希臘化的佛像，這種
佛像傳到了東方，影響至今。

　　希臘藝術直接傳到塔里木盆地，尉犁縣的營盤古城出土的毛毯上有丘比
特，若羌縣米蘭古城出土的壁畫上也有丘比特。

　　5 世紀的印度笈多王朝，產生了馬圖拉的濕衣佛像和薩爾納特（Sārnātb，
即鹿野苑）的裸體佛像。濕衣佛像的衣服彷彿濕透，接近半裸。北齊畫家曹
仲達的佛像彷彿濕透，緊貼身體，被稱為曹衣出水，其實就是源自西域，曹
仲達來自西域的曹國（今烏茲別克斯坦的龐吉肯特）。今天甘肅永靖縣的炳靈
寺石窟、山西大同的雲岡石窟，都可以看到北朝的濕衣佛像。

印度馬圖拉的濕衣佛像、薩爾納特的裸體佛像

　　來自希臘的畫風還深刻影響了東方的繪畫，希臘繪畫重視透視和投影，重視對人體的描繪。唐代許嵩《建康實錄》卷十七記載蕭梁大同三年（537年）創建的一乘寺：「寺門遍畫凹凸花，代稱張僧繇手跡，其花乃天竺遺法，朱及青綠所成，遠望眼暈如凹凸，就視極平，世咸異之，乃名凹凸寺。」這是印度的投影畫法，六朝建康流行的浮雕磚拼壁畫和帝王陵墓前的石獸和石柱，都是源自西域的藝術。

秦始皇兵馬俑、西安北朝濕衣佛像

　　雖然亞歷山大東征，不到帕米爾高原以東，但是間接影響了《山海經》的產生。希臘文化是西方海洋文化的代表，齊燕文化是東方海洋文化的代表。《山海經》是東西方海洋文化共同作用的結果，雖然東西方海洋文化沒有直接碰撞，但是通過中亞文化作為媒介。帕米爾高原雖然阻擋了亞歷山大的腳步，但是沒能阻擋塞人的腳步，沒有阻擋人類的交流。

　　所以《山海經》不但是華夏文化的瑰寶，也是世界文化的瑰寶。《山海經》記載了東亞、南亞、東南亞、北亞、中亞的很多內容，涉及到很多民族，在人類文化史上非常寶貴。《山海經》還見證了東西方文化大交流的年代，因此在人類文明史上有重要意義。

南京蕭梁蕭宏墓的辟邪（飛獅）和希臘式墓表

第十二章 《山海經》的影響

　　因為《山海經》在戰國已成書，所以對諸子影響很大，《莊子》、《楚辭》、《管子》、《列子》、《呂氏春秋》等很多古書引用《山海經》。《禹貢》導山章是對《山經》的節錄，《山海經》對後世很多書籍有重要影響。今本《列子》或經後人整理，似乎不能斷定《山海經》比《列子》早。但《莊子》、《楚辭》、《呂氏春秋》比較明確比《山海經》晚，則《山海經》在莊子、屈原時代已經寫成。

第一節　《山海經》和《呂氏春秋》

一、《呂氏春秋》大量引用《山海經》

　　清代汪中指出：「《呂氏春秋》，《本味》、《求人》二篇，其言與《山海經》相似。」〔註1〕前人考證呂不韋為相在公元前 249～237 年間，兩書相關部分如下：〔註2〕

〔註 1〕　汪中：《舊學蓄疑》，中華書局編輯部：《清人考訂筆記（七種）》，北京：中華
　　　　　書局，2004 年，第 236 頁。
〔註 2〕　本表參考王利器疏證、王貞珉整理、邱旁同譯注：《呂氏春秋本味篇》，中國
　　　　　商業出版社，1983 年。該書第二部分《呂氏春秋本味篇比義》包括《本味》、
　　　　　《山海經》比較，但有脫誤。標☆者為《比義》遺漏，標◇者為誤比。《本味》
　　　　　「南極之崖，有菜名曰嘉樹」，《比義》引許維遹以《中次七經》半石山嘉榮
　　　　　比之，名地不合。《本味》常山之北百果云云，《比義》以《大荒南經》雲雨
　　　　　山群帝取藥比之，名地不合。《本味》「箕山之東，青鳥之所，有甘櫨焉」，《比
　　　　　義》引洪頤煊曰：「櫨當作櫨，字形近而偽。」

	《呂氏春秋·求人》	《山海經》
東至	榑木之地，青羌之野，青丘之鄉，黑齒之國	《外東》扶桑，湯谷，青丘，黑齒國 《荒東》扶木，溫源谷，青丘，黑齒國
南至	交趾之國，羽人，不死之鄉	《外南》交脛民，羽民國，不死民 《荒南》羽民國
西至	三危之國，巫山之下，吸氣飲露之民，共肱一臂三面之鄉	《外西》三身國，一臂國，奇肱國 《荒西》吳回奇左，一臂民，有人三面 《西次三經》三危山
北至	犬戎之國，夸父之野，禹彊之所，積石之山	《外北》夸父，禹所積石山，禹彊 《內北》犬戎國

	《呂氏春秋·本味》	《山海經》
肉之美者	述蕩之腕	《荒南》南海之外，赤水之西，流沙之東，有獸，左右有首，名曰跳踢。
	雟雟之炙	《南山經》青邱之山有鳥焉，其狀如鳩，其音如呵，名曰灌灌。
	流沙之西，丹山之南，有鳳之丸，沃民是食	《外西》《荒西》《荒南》沃民食鳳卵
魚之美者	醴水之魚，名曰朱鱉，六足，有珠百碧。	《東次二經》：葛山有珠鱉魚，其狀如肺而有目，六足有珠。
	觀水之魚，名曰鰩，其狀若鯉而有翼，常從西海夜飛，遊於東海。	《西次三經》：泰器山出觀水，多文鰩魚，狀若鯉魚，魚身而有翼，蒼文而白首赤喙，常行西海，遊於東海，以夜飛。
菜之美者	崑崙之蘋	《西次三經》崑崙山有薲草，其狀如葵，其味如蔥，食之已勞。
	壽木之華	《海內經》西南黑水之間，有都廣之野，壽木實華，草木實聚。
	指姑之東，中容之國，有赤木、玄木之葉焉。	《荒東》有中容之國，帝俊生中容，中容人木食，食獸，使四鳥，豹、虎、熊、羆。
和之美者	招搖之桂	《南山經》招搖山，臨於西海之上，多桂。
飯之美者	南海之秬☆	《南山經》招搖之山，有草焉，其狀如韭而青花，其名曰祝餘，食之者不饑。
水之美者	崑崙之井	《內西》崑崙墟，面有九井，以玉為檻。
	沮江之丘，名曰搖水	《西次三經》槐江山，爰有瑤水，其清洛洛。
	高泉之山，其上有湧泉焉	《中次十一經》高前之山，其上有水焉，甚寒而清，帝臺之漿也，飲之者不心痛。

| 果之美者 | 沙棠之實 | 《西次三經》崑崙山，有木焉，其狀如棠，黃華赤實，其狀如李而無核，名曰沙棠，可以御水，食之使人不溺 |
| | 常山之北，投淵之上，有百果焉，群帝所食◇ | 《北次二經》洹山，百果樹生之 |

第二節　《山海經》和戰國諸子

一、《山海經》和《莊子》

　　莊子年代大約和孟子同時，或稍晚，這是稷下學宮興盛的年代。莊子是宋國人，在齊、楚之間，《逍遙遊》引用《齊諧》，所以《莊子》中有很多內容來自《山海經》。《大宗師》堪壞源自《西次三經》欽䲹，禺強源自《大荒東經》、《大荒北經》、《海外北經》，夔來自《大荒東經》，《天地》崑崙、赤水來自《山海經》，離朱來自《海外南經》，喫詬源自窫窳，大壑、苑風源自《大荒東經》。《達生》：「委蛇，其大如轂，其長如轅，紫衣而朱冠。其為物也，惡聞雷車之聲，則捧其首而立。見之者殆乎霸。」《山海經·海內經》：「有神焉，人首蛇身，長如轅，左右有首，衣紫衣，冠旃冠，名曰延維，人主得而饗食之，伯天下。」延維即委蛇，逶迤是同源詞。莊子引用的內容來自《山經》和《海經》，則莊子看到的是《山海經》的全本。

二、《山海經》和《楚辭》

　　屈原的《楚辭》大量引用《山海經》，證明《山海經》在屈原之前已經成書，流傳到楚地。

　　1.《離騷》提到西方的崦嵫，東方的扶桑，提到崑崙山的懸圃、流沙、赤水、不周山、西海。

　　2.《天問》：「河海應龍？何盡何歷？鯀何所營？禹何所成？日安不到？燭龍何照？羲和之未揚，若華何光？……雄虺九首，倏忽焉在？何所不死？長人何守？麏𧎢九衢，枲華安居？靈蛇吞象，厥大何如？黑水玄趾，三危安在？延年不死，壽何所止？鯪魚何所？鬿堆焉處？」雄虺就是共工，相柳和倏忽讀音接近。麏𧎢（汘麏）即《海內南經》、《海內經》建木（豪麻），黑水是《海內經》幽都山。鬿堆是《東次四經》北號山的鬿雀，雀誤為堆。

　　3.《招魂》提到東方的十日、長人，西方的赤蟻若象，玄蜂若壺，即《海

內北經》大蜂如豆，朱蛾如蛾，即。

4.《大招》提到東方的湯谷，北方的逴龍（燭龍）。

從《楚辭》引用《東次四經》的甗雀和《海經》的多篇來看，則屈原看到的是《山海經》的全本。

三、《山海經》和《列子》

《山海經》與《列子》相合之處也有很多：

1.《列子·黃帝》「列姑射山在海河洲中，山上有神人焉，吸風飲露，不食五穀，心如淵泉，形如處女，不偎不愛。」《海內北經》：「列姑射山在海河洲中。射姑國在海中，屬列姑射。西南，山環之。」

2.《列子·黃帝》：「列子師老商子，友伯高子，進二子之道，乘風而歸。」《海內經》：「有人名曰柏高，柏高上下於此，至於天。」

3.《列子·黃帝》：「華胥氏之國在弇州之西，台州之北，不知斯齊國幾千萬里。」《大荒西經》：「有弇州之國。」

4.《列子·湯問》：「渤海之東不知幾億萬里，有大壑焉，實惟無底之谷，其下無底，名曰歸墟。」《大荒東經》：「東海之外有大壑。」

5.《湯問》：「從中州以東四十萬里得國，人長一尺五寸。東北極有人名曰諍人，長九寸。」《大荒東經》：「有小人國，名靖人。」諍人即靖人，音近。

6.《列子·湯問》：「夸父不量力，欲追日影，逐之於隅谷之際。渴欲得飲，赴飲河渭。河謂不足，將走北飲大澤。未至，道渴而死。棄其杖，屍膏肉所浸，生鄧林。鄧林彌廣數千里焉。」《海外北經》：「夸父與日逐走，入日。渴欲得飲，飲於河渭，河渭不足，北飲大澤。未至，道渴而死。棄其杖，化為鄧林。」

7.《湯問》大禹曰：「六合之間，四海之內，照之以日月，經之以星辰，紀之以四時，要之以太歲。神靈所生，其物異形。或夭或壽，唯聖人能通其道。」《海經》開頭：「地之所載，六合之間，四海之內，照之以日月，經之以星辰，紀之以四時，要之以太歲，神靈所生，其物異形，或夭或壽，唯聖人能通其道。」

比較二者，可以發現《列子》往往鋪排很長，又多誇大，可見比《山海經》晚，《湯問》大禹曰是抄自《山海經》。

四、《山海經》和《管子》

《山經》最後總結：

> 禹曰：天下名山，經五千三百七十山，六萬四千五十六里，居地也。言其《五臧》，蓋其餘小山甚眾，不足記云。天地之東西二萬八千里，南北二萬六千里，出水之山者八千里，受水者八千里，出銅之山四百六十七，出鐵之山三千六百九十。此天地之所分壤樹穀也，戈矛之所發也，刀鎩之所起也，能者有餘，拙者不足。封於太山，禪於梁父，七十二家，得失之數，皆在此內，是謂國用。

此段出自《管子·地數》，為管仲對桓公問地數的回答。比較二者：

1.《管子》：「地之東西二萬八千里。」則此段「天地」之「天」為衍文。

2.《管子》：「出銅之山四百六十七山，出鐵之山三千六百九山。」二山字為衍文。《山經》之「十」字為衍文。

3.《管子》：「封禪之王，七十二家」。

4.《管子》：「刀幣之所起。」

《管子》下文齊桓公問天地財利，管仲回答：「故先王各用於其重，珠玉為上幣，黃金為中幣，刀布為下幣。」《山經》近 200 個山產玉，161 個山產金，最多的礦產組合就是金玉，有 47 處。而鐵類、銅類（銅、赤銅、美銅）、銀類（銀、赤銀）、錫類（錫、赤錫、白錫）產地都不足 40 處。品玉有白玉、水玉、瑪珩之玉、琅玕、文玉石、玄玉、瑾瑜之玉、瑤、碧、水碧、青碧、蒼玉、美玉共 16 種，其他礦產最多 3 種。

《管子·水地》：「涸川之精者，生於蟡。蟡者，一頭而兩身，其形若蛇，其長八尺，以其名呼之，可以取魚鱉。」《北山經》：「有蛇一頭兩身，名曰肥遺，見則其國大旱。」

《管子》的《八觀》、《海王》主張因人之山海，管仲主張官山海的政策。前人認為《管子》不是在管仲時代寫成，而是戰國時代，最有可能是成書地點是稷下學宮。《山海經》和《管子》的很多共同之處不是偶然，從《山海經》的名字，到《山經》的總結，甚至一些具體內容都有相合之處，所以《山海經》的成書地點也應是稷下學宮。

第三節　《山經》和《禹貢》

古人推崇《尚書》，吹捧《禹貢》，貶低《山海經》，得出《山經》源自

《禹貢》導山的錯誤結論。鄒漢勳說：「《禹貢》一書為千古志地者之祖，於九州之後，即繼以道山道水，洵以山水為志地者之關會，不可略，亦不可紊也。《禹貢》而外，師其意而作者，有班固之《漢書‧地理志》、伯益、夷堅之《山經》、曹魏時之《水經》。蓋《地理志》取法乎九州，《山經》取法乎道山，《水經》取法乎道水。」〔註3〕其實《禹貢》導山、導水都是很晚附入，應比《山經》晚。

顧頡剛曾比較《禹貢》和《山海經》，早年發表《五藏山經試探》，認為《山海經》比《禹貢》早。論據是：《山海經》四方有海的觀念比《禹貢》早，《山海經》的流沙不限在一處，《禹貢》流沙僅在西北。《禹貢》的西方僅有黑水，《山海經》西方黑水僅是崑崙山的一條河流。《山海經》沒有《禹貢》的衡山，《禹貢》出現衡山是楚國開拓南疆的結果。〔註4〕王庸的《中國古代地理學史》抄錄，引為至理。其實顧頡剛有嚴重錯誤，四海觀念很早產生，不是《山海經》獨有。《山海經》比《禹貢》詳細，自然記載更多的流沙和河流。《中次八經》就有衡山，不過《山海經》確實比《禹貢》早。

以下比較《禹貢》導山章和《山經》：

1. 導岍及歧，至於荊山，逾於河。

岍山即小隴山，荊山據《漢書‧地理志》在今陝西大荔縣，此列山在關中平原北緣。《西次二經》從沿關中平原北部西去，與此相合。

2. 壺口、雷首，至於太嶽。

雷首在中條山西端，《史記‧封禪書》薄山，《正義》引《括地志》：「薄山，亦名衰山，一名寸棘山，一名渠山，一名雷首山，一名獨頭山，一名首陽山，一名吳山，一名條山，在陝州芮城縣城北十里。」《中山經》自薄山之首起，第12山霍山即太嶽，由中條山西段與太嶽山兩段組成，完全吻合。

3. 「砥柱、析城，至於王屋。

4. 太行、恒山至於碣石，入於海。」

砥柱山在今三門峽之北的黃河之中，析城在王屋山。太行、王屋隔沁水相望，從中條山西段經太行山脈至碣石，與《北山經》大體吻合。

〔註3〕鄒漢勳：《貴陽山水圖記敘》，譚其驤主編《清人文集地理類彙編》，浙江人民出版社，1986年，第三冊，第509頁。

〔註4〕顧頡剛：《〈禹貢〉上的二大問題》（《文史》2001年第1期）第一節「九州」之（四）「《禹貢》與《山海經》」認為《禹貢》成書比《山海經》晚，刪去《山海經》不可信的部分，因襲一些錯誤。

5. 西傾、朱圉、鳥鼠，至於太華。

西傾山在黃河上游，太華山為華山主體，從華山至西傾山即《西山經》首篇。

6. 熊耳、外方、桐柏，至於陪尾。

7. 嶓冢至於荊山。

8. 內方至於大別。

這列山從嶓冢山到荊山，此處荊山是河南的伏牛山，再從熊耳山到桐柏山，再到大別山，大別山在今商城、麻城之間。〔註5〕《中次五經》、《中次四經》從甘肅的南部到河南的西部，《中次十一經》自伏牛山繞南陽盆地至桐柏之北，這三篇大體吻合。

9. 汶山之陽至於衡山，過九江，至於敷淺原。

汶山即今川西北的岷山，敷淺原據《漢書·地理志》在今江西省北部，多數學者認為衡山是今大別山，少數認為是今南嶽衡山。但這兩個衡山都不符合，我認為這個衡山即《山經·中次八經》的衡山（很山），才與岷山銜接。再過九江，到江西的北部。《中次九經》從岷山東到湖北的西北部，《中次八經》從荊山經衡山（很山），又西南至鄂西南，《中次十經》、《中次十二經》從鄂西南、湘西北過洞庭山，又東至鄱陽湖邊的廬山。《山經》的這四篇首尾連接，恰好吻合導山章的第9條。

西周遂公盨銘文：「禹敷土，墮山濬川。」墮山不是導山，墮字右邊像兩手扒土，《說文》：「敗城阜曰墮。」墮（墮）誤成隨，削山變成隨山行走，《禹貢》開頭：「禹敷土，隨山刊木，奠高山大川。」隨山發展為導山，時間更晚，所以《禹貢》的導山比《山海經》晚，是節錄《山海經》。

《淮南子·地形》海外三十六國，有三十三國出自《海外經》，前人認為僅有南方的裸國、豕喙國沒有，敘述方向相同，是《淮南子》抄《海經》。《地形》下文一段沒有主題和順序，多數來自《海經》。我認為南方的豕喙國或許是驩頭國鳥喙之誤，裸國即《大荒南經》的南極果，即南極的裸國。

《逸周書·王會》講周邊各族到周朝首都進貢，其排列方式與《地形訓》、《海外經》一樣，也是工整的矩形。還附了一篇託名伊尹的四方獻令，講商代的周邊民族進貢，當然是戰國人偽造。有學者認為二書同源，統計《海外經》85條，與《王會》相關的多達41條。

〔註5〕周運中：《九州考源》，第169～170、225頁。

第四節　《山海經》和後世著作

　　非常可惜的是，《山海經》真的空前絕後，此後竟然找不到任何一部類似的全國地理著作以山為綱。自從《漢書‧地理志》以後，地志多以政區為綱目，所以《山海經》的體例非常遺憾地消失了。《晉書》卷三五《裴秀傳》載西晉裴秀的《禹貢地域圖》自序：

> 暨漢屠咸陽，丞相蕭何盡收秦之圖籍。今秘書既無古之地圖，又無蕭何所得，惟有漢氏輿地及括地諸雜圖。各不設分率，又不考正準望，亦不備載名山大川。雖有粗形，皆不精審，不可依據。或荒外迂誕之言，不合事實，於義無取……文皇帝乃命有司，撰訪吳蜀地圖。蜀土既定，六軍所經，地域遠近，山川險易，征路迂直，校驗圖記，罔或有差。今上考《禹貢》山海川流，原隰陂澤，古之九州，及今之十六州，郡國縣邑，疆界鄉陬，及古國盟會舊名，水陸徑路，為地圖十八篇。

　　秦代的地圖被蕭何保存到漢代，但是很可能在漢末的戰亂中丟失。西晉的朝廷竟然找不到秦代的地圖，僅有漢代地圖，不載山川，比例失衡。西晉得到吳、蜀地圖，裴秀作成新圖。下文又有裴秀提出的製圖六體理論，但是裴秀未曾親自或派人到各地去實地測量，不知他的新圖可信程度如何，可能還是根據各地的文獻調整而已。裴秀又排斥荒外迂誕之言，不可能關注《山海經》及漢魏新產生的邊疆和域外地志。

　　有的書從名稱上看是群山綜述，實際是遊記彙編，比如《隋書》卷三三《經籍志二》的謝靈運《遊名山志》、明代何鏜輯《古今遊名山記》、清代吳秋士輯《天下名山記鈔》。《宋史‧藝文志》史部地理類有元結《諸山記》一卷，史部傳記類有沈立《名山記》一百卷，前者太單薄，很可能也是類似謝靈運的遊記彙編。後者是巨著，但已經失傳。如果是遊記或根據地志改編，則價值不高。

　　清代中期，浙江黃岩縣人李誠（1778～1844）編有《萬山綱目》，《山經》終於在皇帝集權制度要滅亡時有了繼承者。李誠自敘：「紀水之書，自酈元而下，代不乏人，至我朝齊息園先生《水道提綱》集其大成。惟《山經》闕如。昭代幅員，遠過前朝，北抵鄂羅斯，西至歐羅巴，南及溫都斯坦，復遣監臣四出測驗，數萬里山河，瞭如指掌。以故珥筆諸臣於諸山經由、派別，紀載獨詳。誠不敏，未能遍足天下，而博稽載籍，參互考訂，尋其脈絡，正其偽缺，

作為《萬山綱目》六十卷，以補古今之缺典……於《水經》外自樹一幟，後之有志地輿之學者，或亦有取於是。」可惜李誠這部書直到光緒二十六年才由長沙書局刊刻了殘稿 21 卷，或許未完成。湖南學政吳樹梅敘：「夫敘山之難，實倍於水。水之源流、分合、大小、順逆皆舉目可定，前人成著又多可參稽。山則《禹貢》、《山海經》第揭大端，酈注亦僅依其水道為次，欲就此書中尋其脈絡而貫串之，未見其能詳也。輿地圖學，古無善本。若其近出，莫精於內府所藏輿圖，然繪山亦只作三峰之形，不能舉綿亙之跡、一線而連屬之至。若坐談地勢，孰不知山祖崑崙，及與出戶登高，論順逆相生之理，則言人人殊……今李氏此書誠古今之絕作，輿地之津梁。雖屬殘編，實至寶也。」

據書前所附光緒《台州府志·儒林傳》，李誠從嘉慶十八年（1813 年）開始在雲南多處做官，又居雲南志局五年，《雲南通志稿》十有八九出自其手。他的同鄉齊召南寫出《水道提綱》，李誠還作有《水道提綱補訂》28 卷，他的《萬山綱目》是為配《水道提綱》而寫。但是齊召南的《水道提綱》價值遠不及《水經注》，李誠的《萬山綱目》價值也遠不及《山經》。

後世類似《海經》的域外地志著作不少，孫吳的康居（今烏茲別克斯坦的撒馬爾罕）人康泰有記載南洋地理的《外國傳》，酈道元《水經注·河水》引釋氏《西域記》，《隋書》卷三三《經籍志二》有法顯《佛國記》、智猛《遊行外國傳》、道安《西海百川水源記》、張騫《出關志》、曇景《外國傳》、法盛《歷國傳》、《林邑國記》、僧祐《世界記》、《大隋翻經婆羅門法師外國傳》、裴矩《西域圖》、《西域道里記》、《諸蕃國記》，可惜這些書已經全部散佚。《新唐書·藝文志》有達奚通《海南諸蕃行記》，《宋史·藝文志》有達奚弘通《西南海蕃行記》、達奚洪（一作通）《海外三十六國記》。達奚弘通應是一人，《海南諸蕃行記》、《西南海蕃行記》為一書。《山海經·海外經》在《淮南子·地形》中為海外三十六國，所以《海外三十六國記》的書名也是源自《山海經》，現在也已散佚。

明代利瑪竇來到中國傳教，把西方的世界地理學傳入中國，但是他畫的世界地圖上標注了很多《山海經》中的外國地名，這是為了迎合中國士大夫傳統的外國知識。〔註6〕

通過本書考證可知，《山海經》在成書過程中也被小說化，很多地名是望

〔註6〕吳莉葦：《明清傳教士對〈山海經〉的解讀》，《中國歷史地理論叢》2005 年第 3 期。

文生義的解釋。《山海經》對中國小說產生深遠影響，六朝時託名東方朔所作的《神異經》、《海內十洲記》等書有很多地方是根據《山海經》編造，前者已經為研究者注出。〔註7〕清代李汝珍的小說《鏡花緣》很多是根據《山海經》演繹，已經有研究者論述。〔註8〕

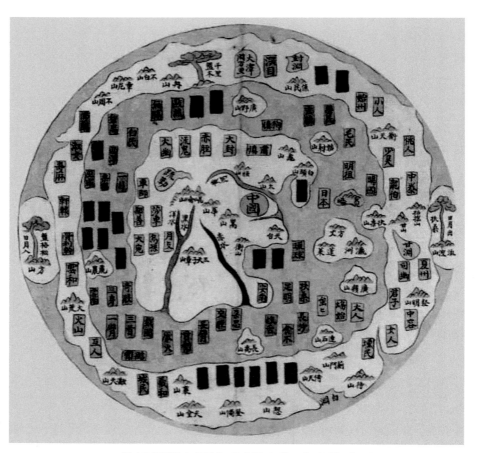

19世紀朝鮮人根據《山海經》畫出的地圖

佛教的地理觀，認為雪山（青藏高原）之南到南海的印度是象主之地，雪山之西到西海（地中海）的胡國是寶主之地，雪山之北到北海的突厥是馬主之地，雪山之東到東海（太平洋）是人主之地。〔註9〕我考證出《山海經》

〔註7〕周次吉：《神異經研究》，文津出版社，1985年。

〔註8〕李劍國、占驍勇：《〈鏡花緣〉叢談》，南開大學出版社，2004年。

〔註9〕〔唐〕道宣著、范祥雍點校：《釋迦方志》，北京：中華書局，2000年，第11～12頁。

的南方是印度，北方是草原，西方主要在天山之南，但也涉及帕米爾高原之西的地方，東方是東海之東的朝鮮半島和日本、臺灣、菲律賓的島鏈。因為中心點定位不同，所以世界觀自然不同。佛教典籍記載印度及域外地理對東方人產生很大影響，但是《山海經》的記載因為長期未被破解，所以前人一直誤以為《山海經》記載範圍多數在本國境內。

　　直到 19 世紀初，還有朝鮮人畫出《山海經》的地圖，稱為天下地圖，圖上標出的地名全部來自《山海經》，認為中原外面是海，外面又有一圈環形的大陸。這可能是《山海經》地理觀最後的影響了，不過今天有人誤以為這種地圖產生很早，甚至誤以為這種地圖的東方是在美洲。他們不知道這種地圖產生很晚，也不知道這種《山海經》示意圖不能作為破解真相的證據。

結論：從《山海經》拯救歷史

500 多年前，意大利著名畫家拉斐爾有一幅大型壁畫《雅典學院》，畫出古希臘的 57 位著名學者，指天畫地，談古論今，代表當時西方學術的最高境界，畫中的景象令人心馳神往。

2000 多年前，在東方的沿海，齊國的都城臨淄也有一所雅典學院，這就是稷下學宮。可惜漢武帝劉徹罷黜百家，使得國人不僅早已忘記了稷下學宮，也忘記了學術本來是為了探索智慧。

600 多年前，葡萄牙的亨利王子在國土最南端的海岸建立了著名的航海學院，匯聚各類人才，收集世界情報，推動航海和地理大發現。西班牙國王斐迪南二世和女王伊莎貝拉一世，資助意大利人哥倫布四次航行到美洲，發現新大陸。

2000 多年前，在東方的沿海，齊威王、燕昭王也積極推動海外探險，齊、燕的航海家從燕國的碣石、齊國的成山頭、琅邪臺等海角上的探險基地出發，到達東亞島鏈，看到了廣闊的太平洋，齊國出現了大九州和大瀛海學說，那是東方歷史上的地理大發現時代。可惜這段波瀾壯闊的歷史也早已被國人遺忘，很多人甚至以為本國的傳統文化就是來自黃土高原的農業宗法制文化。

要想讓國人全面瞭解本國的大航海史，是何等困難！我的系列著作《中國南洋古代交通史》、《道士開闢海上絲綢之路》及本書，努力發掘出了上古東方大航海史和地理大發現史。

上古的齊、燕航海家一定也有他們的《奧德賽》和《伊利亞特》，或許就是莊子看到的《齊諧》之類，非常遺憾的是很早就失傳了，《漢書·地理志》

已經看不到，幸好現在還有一本《山海經》留存。我希望我的著作能讓東方的大航海史重新得到世人認可，雖然不能使上古東方大航海的典籍重現，也能有所彌補。

亞里士多德有物理學、氣象學、動物學的很多著作，同時代的東方唯有《墨子》、《山海經》等極少的著作能與之相配，可惜這些著作長期得不到國人的重視。其實墨家的思想也是源自西域文化，衛聚賢曾經提出墨子是印度人，我將在另書論證墨子確實受到胡人文化的影響。所以這兩本書名為東方之書，其實不是純粹的東方文化。

我首次發現上古的西域胡人是《山海經》地圖的原作者，今本《山海經》是漢譯形成。齊國人和魯國人的差別太大，齊國人重視漁業、鹽業和工商業，喜歡去海外探險，非常類似希臘人。齊國人放眼世界，海納百川，理性實際，摒棄魯國人保守的華夷之防思想。2000多年後，清朝末年，魯地西部最窮的地方走出了可笑的義和團，以為自己真能刀槍不入，結果又是一場悲劇。2000年過去了，齊、魯文化仍然有別，義和團沒有出現在山東半島的東部沿海。很多人誤以為膠東半島不在海洋文化圈，而不知膠東一直有很多華僑，從古到今都在海洋文化圈。

如果燕、齊的西部有大海，能夠阻擋秦人，則燕、齊必將發展出希臘式的民主城邦。可惜東西方的地形不同，亞歐大陸的東端像個大圓盤，亞歐大陸的西端像一條伸出八爪的大章魚。歐洲的半島和海島又多有大，半島和大陸聯結的地方很窄，可以獨立發展。亞平寧半島是意大利，伊比利亞半島是西班牙和葡萄牙，斯堪的納維亞半島是瑞典和挪威，日德蘭半島是丹麥，希臘半島是希臘。〔註1〕而大陸東方的半島不僅少，而且很小，稍大的半島僅有山東半島和遼東半島，而且突出在海中的部分很小，所以很難獨立發展。

大海是最好的屏障，如果沒有大海的屏障，古希臘的城邦不可能發展出民主和科學。如果沒有大海的屏障，東羅馬帝國不可能延續千年，到1453年才滅亡，這就好像漢朝延續到了明朝。陳叔寶躲到枯井中，南宋末年的君臣才又想到航海，可惜不敢去東部的島鏈，到了海南島又不敢停留，反而回廣東。宋末的君臣比徐福差遠了，我的鹽城同鄉陸秀夫最終背負皇帝跳海。溫州人陳宜中自己跑到南洋，也不敢勸皇帝一起去。如果陳宜中去勸，肯定被

〔註1〕希臘全境正好是一個半島，但是現在地理學上似乎僅有更大的巴爾幹半島和更小的伯羅奔尼撒半島，其實應該有一個希臘半島之名。

一群理學家立即否定，這不是理學家們的錯，而是這片大陸產生的久遠傳統太過強大。鄭成功雖然成功東渡，但是不能接來皇帝，也不敢自己稱帝。明鄭的時間不長，就成為清朝的內地。

嬴政是歷史上唯一出海射鯨的皇帝，此後的皇帝們持續退化了 2000 年，退化到弘曆，寫了四萬首沒人知道的爛詩，根本不知道英吉利在何方，就以為天朝無所不有，幾十年後就被英國人打敗。

追求自由和智慧的齊人，在徐福的帶領下，來到了海外桃源，躲避秦朝的暴政。這和五月花號上的清教徒渡海到美洲，何其相似！明治維新的成功，其實有海洋文化的深厚基礎。臺灣在明清接納了很多東南民眾，近代又有兩百萬大陸人乘桴浮於海，在崎嶇山海之間再造一莊嚴華麗之新天地，使華夏文化在萬頃波濤之中獲得了新生。

我從初中開始研究《山海經》，最初是因為好奇和好玩。後來是為了傚仿我的淮揚前輩，想以考據學破解歷史真相。花了 20 年時間寫成此書，再最終目的變成了《山海經》拯救歷史。歷史學難道就是為了復原古代的制度嗎？那些古代的制度不過是皇帝殘害百姓的工具，我們今天復原那些官制有多大價值？現在看來意義不大。

今天來看，《山海經》能夠活過 2000 年儒家統治的年代，流傳至今，真的是一個奇蹟。

人生的終極價值是探索怪力亂神，我們這個民族必須在追求怪力亂神之中，才能徹底杜絕知識越多越反動的反智思想。憂天的杞人是探索宇宙奧秘的先驅，他不應再被我們嘲笑。我們這個宇宙既然源自大爆炸，當然也有可能在未來塌縮，或許兩千年前的杞人早已思考過這些問題，我們不能認為今人在各個方面都比古人聰明。至少現代很多人還是看不懂《山海經》，破解《山海經》仍然需要我們上下求索。

我們從《山海經》中不僅可以看到古人記錄的自然萬物，還透過這些記錄，看到上古齊、燕勇士們出沒風濤，在地圖上畫出大九州和大瀛海，還畫出海外的奇人怪族，回來講給家鄉人聽。

我們透過《山海經》，可以聽到燕趙邊塞上的慷慨悲歌，聽到北方草原民族的如風長嘯，他們驅趕牛羊，駕駛高車，販皮賣酪，向南方人講述北方絕地的奇聞異事。

我們透過《山海經》，可以想見上古西域的巫師和術士，懷揣丹藥和仙

方，跋涉萬里，騎馬跨駝，越過流沙，來到東方，參加了《山海經》的寫作，讓東方人瞭解世界，促進了人類的交流。他們比馬可波羅和利瑪竇還要偉大，可惜沒有留下名字。

我的這本書基本發掘出了《山海經》的真相，證明上古的東方沿海已經產生了東西文化融合的模範。

我們要珍惜《山海經》，因為我們現在仍然沒有恢復稷下學宮的學術自由傳統，仍然沒有恢復《山海經》融合東西方文化的傳統，我們未來要重建我們的歷史觀，在全新的思維中追求信仰、真理和智慧。

仁者樂山，智者樂水，山海相依，見仁見智。山勢穩固，厚德載物。水行萬方，自強不息。所以《山海經》是天地合璧，乾坤混元。《山海經》看似是魚龍混雜，其實有宇宙之大體。

我相信《山海經》這部元典，或許能令我們恢復元氣，讓我們勇敢面對世界文化，海納百川，融合創新，創造全新的歷史。

後　記

　　其實這本書是我 20 年前最早想寫成出版的書，我從高中開始研究《山海經》，2001 年到南京大學讀本科，才能參考很多學術著作。2005 年，我的本科畢業論文研究《山海經》，有十萬字，打印出來近百頁。2004 年的暑假，我的宿舍還在長江北岸的浦口校區，我去新街口的書店看新出版的《山海經注證》，晚上寄居在鼓樓校區同學的宿舍。恰好遇到颱風，因為鼓樓崗比新街口地勢高，所以回去的路上積水盈尺，公交車停運，我從新街口走回南京大學，鞋子全部泡壞。鼓樓校區圖書館暑假更換的管理員不肯去書庫為我找 70 年前的期刊，叫我自己去找，我到最底層的書庫，沒有燈，沒有開通風設備，悶熱異常，幸好還有窗戶能夠照進光線，我根據索引找到很多塵封已久的文章。

　　2006 年到 2012 年，我發表了六篇研究《山海經》的論文，其中五篇研究《山經》，一篇研究《海經》。雖然僅有六篇論文，但是展示了我的多學科結合的研究方法。不過我以前對《海經》的考證，現在需要修正。2012 年秋天，我在廈門海邊的白城山頂，將此書擴展到 30 萬字。此後我因為關注其他研究領域，長期擱置此書，有時也會有小的修改。

　　直到 2018 年 7 月，我對這部書稿又有一次大改，因為我在此前一年已經完成研究《西遊記》的專著，因為多讀《大唐西域記》才發現《山海經》的南方域外多在印度，這是令人震撼的發現！國人似乎非常親近東亞、東南亞甚至中亞、北亞，而不太親近南亞，時常忘記已經深深融入我們文化之中的佛教就是來自南亞，更不知道《山海經》就記載了很多南亞地理。我在此時才發現《海經》的很多國名是外語的音譯，因為《海經》的作者望文生義而產生

很多誤解，這就改變了研究《海經》的方法論。我以破解南方域外為契機，再去破解其他章節，收穫很大。2018年秋冬到2019年春夏，我因為研究上古北方草原民族的歷史，又發現《山海經》中的很多西域文化內容。

因為我對現在市面上的很多《山海經》著作不甚滿意，所以在2020年春季、夏季又兩次大改此書，下定完成這部書的決心，終於在2020年7月完成此書。因為破解《山海經》難度較大，所以我總是將此書的修改一拖再拖，總想通過其他領域的研究來不斷校正我的《山海經》研究。現在看來，《山海經》的研究永無止境，所以也不能拖太久。

修改20年前的文字也不容易，因為人的變化太大，不僅不習慣20年前自己的文風，還因為在此期間我已有很多書出版，所以這次修改刪除了很多涉嫌重複的文字。總體字數反而減少了很多，結論更加簡明。重點是經過20年的積累，跳出了原來的視野侷限，才發現《海經》的真正路線，更容易尋找其資料的來源和人群，分析作者的身份和寫作的時間和地點。還專設一節，解釋源自外語的動物名，進而提出有胡人參與《山海經》的編纂。當然我的這本書也不可能完美，未來還要繼續完善。

有趣的是，《山海經》開篇第一列山，前人都未考出，我考出這列山在江淮之間，末端就在鹽城，離我的家鄉很近。而且這列山被歸入《南山經》，對我們判斷《山海經》的作者來自齊、燕是一個重要的突破口。我的家鄉濱海縣的最西部是古代的海岸沙崗，清代設阜寧縣，縣名中的阜就是指這條沙崗。我的家鄉就是從這條沙崗開始向東延伸到大海，我從小生長的地方表面上看是一馬平川，其實也在山海之間。今天的鹽城雖然是全國唯一沒有山的地級市，其實也有山，不過不是石山而是沙山。沒想到《山海經》和我的家鄉還有如此深的關係，我雖然很早開始研究《山海經》，花了很多年才發現這個秘密，這難道也是天意嗎？

小時候，我時常坐在家門口的河邊，數來往的船隊。多年以後，我行走南北，離家千里，仍然會夢見兒時的河岸。雖說逝者如川，但歷史不會完全消失，水流在天地之間循環，文化也在各地之間流傳。一滴水確實在大海之中才不會乾涸，但是這滴水在大海之中看似一直存在，其實早已不是原來的那滴水了，因為眾水交融，早已不分彼此。文化也一樣，要想保持自己的文化，唯一的途徑是敞開大門，吸收世界文化。延續下去的文化，都不可能是原先的面貌，如同子孫不是克隆人。我眼前的這條河，既是古人看到的河，

也不是古人看到的河。天子失官，學在四夷，輸出的文化有時會回來，也不可能是原有的面貌。文化可能本來就不存在某個原有的面貌，文化唯有在交流之中討論才有意義。文化一直在變，歷史上從來不存在一時一地固有的文化。跳出隔閡去看，其實都是人類的一種文化，何分彼此？我兒時所住的河岸，幾百年前還在大海。滄海桑田，本無常形。高岸為谷，深谷為陵。宇宙萬物，莫不如此。聚散離合，江湖相忘。不斷跳出思維的界域，才能不斷獲得解脫。

　　批評者一定會指出我的書不過一己之見，甚至也是當代史。雖然如此，不能不寫。歷史不是純粹的古代史，也不是純粹的當代史，而是古今交融，是自我和社會的交融，是現實和虛幻的交融，是客觀和主觀的交融，是科學和藝術的交融。史字的原形就是手持筆書寫，史就是書寫，就是闡發，如同水在流，時間在延續。

　　南亞熱帶的物種太多，關係複雜，相互轉換，所以南亞的宗教強調萬物輪迴。西亞沙漠的物種稀少，民生維艱，所以西亞的宗教追求智慧神力。東亞的氣候適中，宜農宜居，所以東亞人關注人本身的繁衍，而不是自然萬物和超越精神。時過境遷，東亞的生活早已不再有古代的愜意，東亞人也看到了世界的複雜，所以我認為未來東亞人也一定會更加關注萬物和精神。《山海經》中有紛繁萬物，有迷幻神話，所以我相信《山海經》會得到大家更多關注。

2020 年 8 月 12 日廈門家中